_____의 용돈 다이어리

초5 용돈 다이어리

文

작가의 말

《초5 용돈 다이어리》의 마법

선생님은 5학년 담임을 여러 번 맡았어요. 그리고 지금도 5학년 담임이에요. 우리 반 친구들이 5학년이 되어 가장 다르다고 느낀 건 바로 수업시간이래요. 5학년부터는 4교시만 하고 끝나는 날이 없어졌잖아요. 그게 가장 아쉽대요. 그다음으론 '실과'라는 새로운 과목을 배우게 된 걸 꼽았어요. 실과 시간에는 일상생활에 활용할 수 있는 것들을 배우는데, 기본적인 금융 교육도 바로 이 실과에 포함돼요. 이미 찾아봐서 알고 있다고요? 맞아요. 용돈 기입장을 작성하는 내용이 실과에 있지요. 그런데 아이들이 그러더라고요. "선생님, 저는 용돈을 받지 않는데 어떡해요?", "필요한 건 부모님이 다 사주셔서 용돈을 받아본 적이 없어요"라고요. 게다가 용돈 기입장은 단순히 받은 돈과 쓴 돈만 기록하는 방식이라 별다른 도움이 되질 않아요. 돈 관리법을 알려줘야 하는데 어떻게 하면 좋을까... 고민이 시작됐어요.

고민 끝에 선생님이 맡은 5학년 반에서는 1년간 용돈 다이어리 프로젝트를 진행했어요. 프로젝트가 마무리될 즈음에는 모두 용돈을 받게 됐고, 생각보다 돈을 많이 쓰고 있다는 걸 알게 되었대요. 분리수거를 하고 청소를 도우면서 집안일도 하게 되고, 그걸로 추가 용돈을 벌면서 용돈 늘리는 쏠쏠한 재미도 알게 됐고요.

그중 서우라는 친구의 이야기를 들려줄까 해요. 서우는 늘 편의점에서 탄산음료를 사서 물처럼 마시던 친구였어요. 그러다가 용돈 프로젝트를 시작하면서 집에서 나오는 캔, 페트병, 유리병을 직접 재활용품 수거 자판기에 넣어서 그 돈을 모으게 됐어요. 그리고는 이렇게 직접 모은 돈을 의미 없이 쓰고 싶지 않다는 생각을 처음으로 하기 시작했어요. 매일 물처럼 마시는 탄산음료도 그 돈이 만만치 않다는 걸 깨닫게 되고요.

실제로 원격 수업을 시작할 때마다 늘 탄산음료를 마시고 있던 서우는 어느 순간부터 탄산음료 대신 물을 마시고 있었어요. 당연히 살도 빠지고 건강도 좋아졌어요. 부모님의 잔소리도 줄었다며 자신감도 붙었고요. 무엇보다 탄산음료를 끊고 아낀 용돈이 한 달에 2만 원이 넘었대요.

서우는 이렇게 모은 돈을 드로잉 패드와 교재를 사는 데 투자했어요. 그리고 이모티콘을 만들어 판매하려 노력하고 있어요. 수익금의 일부는 기부하겠다는 포부를 밝히기도 했어요. 이런 변화를 보인 건 서우뿐만이 아니에요. 프로젝트에 참여한 친구들 모두 용돈을 받으면서 경제에 관심을 갖게 되고 자신감이 생겼어요. 용돈 다이어리로 이런 변화가 일어난 서예요!

경제는 어려운 것이 아니에요. 여러분도 이미 하고 있는 활동이에요. 아마 5

학년인 우리 친구들은 물의 순환을 기억할 거예요. 얼음이 녹아 물이 되고 수증기로 증발되어 구름이 되었다가 응결된 수증기가 비가 되어 다시 땅으로 돌아오는 과정, 기억하죠? 그 과정 중에 어느 하나라도 제대로 돌아가지 않으면 물은 부족해지거나 넘쳐서 홍수나 가뭄이 생기잖아요.

경제활동도 마찬가지예요. 생산된 것은 소비되고, 더 나은 미래를 위해 투자하고, 도움이 필요한 사람들을 위해 기부하는 과정이 있어야 해요. 이 과정이 제대로 돌아가야 생산성이 늘고 소비도 늘어요. 이렇게 생산, 소비, 투자, 기부가 어우러져서 물 흐르듯 경제활동이 이루어지는 것을 '경제활동의 선순환'이라고 하는데, 이걸 우리는 용돈 다이어리를 쓰면서 자연스럽게 배우게 될 거예요.

《초5 용돈 다이어리》는 크게 세 가지 파트로 구성되어 있어요. 첫 1,2장은 준비운동 같은 파트예요. 지금 여러분이 용돈 관리에 대해 얼마나 알고 있나 확인해보고, 용돈을 받지 않는다면 용돈을 받아야 하는 이유를 알게 될 거예요. 그다음 3장에는 1년간 쓸 수 있는 용돈 다이어리 서식이 들어 있어요. 예시에 사용법을 설명해두었으니 어렵지 않게 따라올 수 있을 거예요. 선생님이 〈초등생활 디자이너〉라는 유튜브를 운영하고 있어요. 만약 이해되지 않거나 궁금한 점이 있다면 유튜브에서 선생님에게 직접 질문해도 돼요.

마지막 부록은 용돈을 주실 부모님을 위한 파트예요. 부모님이 부록을 통해 여러분과 같은 내용을 이해하고 공감할 수 있게 구성했어요. 부모님과 함께 할 부분이 많아요. 우선 일주일에 한 번씩 정기 용돈을 받아야 하고, 집안일을 도우면서 받게 될 노력 용돈에 대한 협의도 필요하거든요. 매주 작성한 용돈 다이어리에 대한 평가와 반성도 함께 진행해야 하니, 꼭 부모님과 책 내용을 공유하길 바라요.

　자, 이제 준비됐나요? 용돈 다이어리를 적겠다고 다짐했다면, 그것만으로도 이미 건강한 경제인이 될 자질을 갖춘 셈이에요. 어렵지 않아요. 선생님이 준비한 내용을 한 단계, 한 단계, 차근차근 따라오기만 하면 돼요!
　용돈 다이어리를 쓰면 많은 것이 바뀔 거예요. 정말이에요! 선생님은 용돈 다이어리의 기적을 믿어요.

2022년 9월
김선 선생님

차례

작가의 말 《초5 용돈 다이어리》의 마법　　　　　　　　　　　　　　　4

1장
여러분도 부자가 되고 싶나요?

나의 부자 DNA 점검하기	12
게임 현질하는 아이, 삼성 주식 사는 아이	16
내 친구들은 용돈을 받아서 어떻게 쓸까?	21
용돈은 얼마가 적당할까?	24
나는 어떤 유형일까?	27
용돈 관리로 시작하는 건강한 미래 준비	31

2장
용돈으로 건강한 경제생활을 꿈꾸어요

용돈으로 시작하는 경제생활	36
생산: 정기 용돈과 노력 용돈, 특별 용돈	44
소비: 필요해서 사는 것과 원해서 사는 것의 차이	49
저축: 습관과 태도를 기르는 저축의 힘	52
투자: 나의 미래를 위해 용돈 사용하기	54
기부: 재능 기부, 물건 기부, 용돈 기부	56
초등 5학년부터 스스로 돈을 번 쭈니맨 이야기	58

3장
초5 용돈 다이어리

용돈 다이어리 이렇게 써봐요!	62
_____ 의 용돈 다이어리	64

 부모님들을 위한 용돈 다이어리 안내서

1장

여러분도
부자가 되고 싶나요?

나의 부자
DNA 점검하기

여러분도 부자가 되고 싶나요? 부자가 될 수 있을지 부자 DNA를 점검할 표를 만들었어요. 각 문항에 어디에 속하는지 생각해보고 체크한 뒤, 점수를 더하면 됩니다.

초등학생 부자 DNA 체크 리스트

정기적으로 용돈을 꾸준히 받고 있나요?

항상 받는다	5점 ☐
대부분 받는다	4점 ☐
받을 때도 있고 안 받을 때도 있다	3점 ☐
받은 적이 별로 없다	2점 ☐
거의 받은 적이 없다	1점 ☐

부족하면 부모님께 말씀드려서 홈 아르바이트를 통해 용돈을 늘리고 있나요?

항상 하고 있다	5점 ☐
여러 번 해보았다	4점 ☐
해본 적이 있다	3점 ☐
해보고 싶다	2점 ☐
해보고 싶지 않다	1점 ☐

불필요한 것은 사지 않고 꼭 필요한 것만 사고 있나요?

항상 그렇다	5점 ☐
주로 그렇다	4점 ☐
보통이다	3점 ☐
별로 그렇지 않다	2점 ☐
항상 그렇지 않다	1점 ☐

원하는 게 있어도 부모님께 조르지 않고 용돈을 모아서 구입하나요?

항상 그렇다	5점 ☐
주로 그렇다	4점 ☐
보통이다	3점 ☐
별로 그렇지 않다	2점 ☐
항상 그렇지 않다	1점 ☐

나의 미래, 장래 희망과 관련하여 책을 읽거나 수업을 듣고 있나요?

항상 그렇다	5점 ☐
주로 그렇다	4점 ☐
보통이다	3점 ☐
별로 그렇지 않다	2점 ☐
항상 그렇지 않다	1점 ☐

다른 사람을 위해 기부하고 있나요?

꾸준히 하고 있다	5점 ☐
여러 번 해보았다	4점 ☐
해본 적이 있다	3점 ☐
해보고 싶다	2점 ☐
해보고 싶지 않다	1점 ☐

경제 관련 책을 읽었나요?

10권 이상	5점 ☐
7권 이상	4점 ☐
5권 이상	3점 ☐
3권 이상	2점 ☐
2권 이하	1점 ☐

나는 부자가 될 가능성이 있는 사람일까요?

매우 그렇다	5점 ☐
그렇다	4점 ☐
보통이다	3점 ☐
모르겠다	2점 ☐
정말 모르겠다	1점 ☐

* 여러분의 부자 DNA 총점은 몇 점인가요? _____ 점

36점 이상	우리 친구는 이미 경제에 대해 잘 알고 있군요. 정말 대단해요! 경제 관련 책을 꾸준히 읽고 자신의 미래를 위해 노력한다면 멋진 부자가 될 수 있을 거예요. 이미 부자 DNA가 충분해요.
21~35점	경제에 대해 알거나 부자 DNA를 가지고 싶다면, 그럴 가능성이 높아요. 멋진 미래를 위해서 생산, 소비, 투자, 기부에 대해 선생님과 함께 적극적으로 학습하도록 해요.
20점 이하	5학년이 될 때까지 경제 수업을 받은 적이 없으니 점수가 낮다고 해서 실망하지 말아요. 지금부터 용돈을 받아 꾸준히 관리하고, 부모님과 함께 경제에 대해 이야기하는 시간을 가지면서 부자 DNA를 만들어가요.

알아두면 좋아요!

금융감독원 e-금융교육센터에서는 온라인 금융교육 초등학생 과정을 운영하고 있어요. 회원으로 가입하면 유익한 내용을 무료로 학습할 수 있답니다. 온라인을 통해 언제, 어디서든 교육받을 수 있고, 과정별로 콘텐츠도 제공하고 있습니다. 학습한 후에 평가 결과가 60점이 넘으면 수료증도 발급해준다고 해요. 여러분도 초등 경제 전문가가 될 수 있겠지요? 부자 DNA는 타고나는 것이 아니라 노력에 의해 만들어지는 거랍니다.

게임 현질하는 아이, 삼성 주식 사는 아이

세뱃돈 받는 날은 상상만 해도 기분 좋아지지요. 여러분은 세뱃돈을 받으면 어떻게 하나요? 내가 받은 세뱃돈이니까 사고 싶은 것을 바로 사는 친구도 있을 거예요. 부모님께서 나중에 대학교 갈 때 써야 하니 통장에 넣으라고 하시기도 할 테고요.

선생님이 초등학교 3학년 아이들을 가르칠 때였어요. 민수라는 친구가 "선생님, 세뱃돈으로 받은 5만 원으로 게임 현질했어요"라며 제게 자랑하더라고요. 그랬더니 다른 제자인 채완이는 "선생님, 저는 세뱃돈을 받아 엄마랑 삼성전자 주식을 사서 주주총회에 다녀왔어요"라고 했어요. 게임 현질하는 아이와 삼성 주식 사는 아이, 여러분은 어느 쪽에 가까운가요?

게임을 좋아하는 친구라면 당연히 게임 현질한 친구가 부럽다는 생각이 들 거예요. 우리 친구들이 현질하기 위해 얼마나 고민하는지 선생님은 이미 알고 있거든요. 선생님이 여러분 친구들의 고민을 들어줄 때도, 가장 많은 고민이 게임 현질을 하고 싶은데 부모님이 도와주시지 않는다는 것이었죠. 이렇다 보니 5만 원어치나 현질한 민수가 부럽다는 마음은 충분히 이해해요.

그런데 선생님은 게임 현질이 바람직하다고만은 생각하지 않아요. 왜 그럴까요? 여러분이 구입한 게임 아이템으로는 수익을 만들어낼 수 없기 때문이에요. 다른 사람에게 아이템을 팔기 전까지 수익을 내기는 어렵지요. 게다가 레벨 업을 하기 위해서는 아이템을 사야 하고, 다시금 돈을 써야 하고요.

곰곰이 생각해봐요. 왜 게임 회사에서는 여러분에게 무료로 게임을 제공할까요? 왜 출석 체크만 해도 아이템을 줄까요? 왜 조금만 노력해도 잘할 수 있게 해놓았을까요?

이 모든 과정이 '수익 창출'에 초점을 맞추고 있기 때문이에요. 여러분을 게임에 길들여서, 여러분이 시간과 에너지, 돈을 쓰게끔 만드는 거죠. 그러니 게임은 조금만 노력하거나 돈을 쓰면 빠르게 성장할 수 있게끔 설계되어 있어요. 그렇게 조금씩, 더 많은 돈을 쓰게끔 만들죠. 그러니 게임 현질에 빠진 민수는 용돈을 모을 수 없겠지요.

물론 게임을 만드는 프로그래머가 되고 싶어서 전문적으로 프로그래밍을 배우는 친구도 있어요. 프로그래밍 공부를 위해 학원을 다니고 과외도 하는 한편, 게임 현질도 하죠. 그렇지만 이 친구가 하는 게임 현질은 아이템을 분석해서 더 큰 수익을 창출해내려는 준비 과정이에요. 그러니 이 경우에는 단순한 소비가 아닌 투자인 거예요.

선생님이 안타까운 것은 수동적으로 끌려가듯 게임 현질을 하는 친구예요. 게임 중독이 얼마나 무서운지 여러분도 방송에서 봤을 거예요. 아프리카 BJ에게 부모님이 어렵게 모은 전세금을 모두 입금했던 친구, 아버지의 교통사고 날에도 게임 현질을 했던 친구, 갓 태어난 아이를 돌보지 않고 게임만 하다가 아이를 죽음에 이르게 만든 젊은 부부도 있어요. 이런 사람들은 게임에 지나치게 길든 나머지 중독되었지요. 그러니까 길든다는 것은 중독의 전 단계예요. 선생님은 여러분이 게임에 길드는 것이 안타까워요.

다른 친구를 살펴볼까요? 채완이는 세뱃돈을 받아 삼성전자 주식을 사서 주주총회에 다녀왔다고 했어요. 주식을 사서 주주총회를 다녀오다니, 생소하게 느껴지지요? 주식이란 '회사(주식회사)의 자본을 구성하는 단위'를 말해요. 회사의 주인이 될 수 있는 방법이기도 하지요. 회사의 자본금은 일반 가게보다 훨씬 규모가 크기 때문에 한 사람의 돈으로만 운영하기가 어려워요. 일반 가게를 운영할 때도 적게는 몇천만 원부터 억 단위의 돈이 필요한데, 회사를 운영하려면 그보다도 훨씬 많은 돈이 들거든요. 따라서 이 금액을 주식이라는 것으로 나누어 여러 사람이 분담하는 거죠.

주식은 내가 투자한 금액만큼 가질 수 있어요. 예를 들어볼까요? 자본금이 1천만 원인 회사가 1만 원짜리 주식을 1,000주 발행했다고 합시다. 현지가 그 주식을 5만 원어치 구입하면 다섯 주를 가지게 될 거예요. 적은 금액이지만 이 회사의 지분을 가진 주인이 되지요.

어느 정도 시간이 지나자, 회사가 발전했어요. 기술력도 뛰어나고 수출도 잘해서 회사는 그 가치를 높이 인정받게 되었어요. 그러자 정부를 비롯하여 여러 기업에서 이 회

사에 투자하겠다며 너도나도 관심을 가져요. 당연히 회사의 주식을 사서 지분을 가지고 싶어 하겠지요. 회사의 가치가 2배로 늘어나면 주식가치도 2배가 되겠죠. 그러면 현지가 투자한 5만 원은 10만 원으로 껑충 늘어납니다.

물론 회사의 가치가 오르기만 하는 건 아니에요. 점점 떨어지는 회사도 있고, 운영은 잘하지만 주식 가격은 그대로인 회사도 있고, 망하는 회사도 있어요. 그래서 잘 모르는 회사의 주식을 사기가 꺼려질 수도 있을 거예요. 그럼 이런 건 어떤가요? 만약 여러분이 BTS의 팬이라면, BTS의 포토카드(포카)를 사는 대신 BTS 기획사인 하이브의 주식을 사는 거예요. 괜찮아 보이지 않나요? 내가 응원하는 연예인을 위해 당장 포카나 앨범을 살 수도 있지만, 그 연예인을 관리하는 기획사의 주식을 사서 응원하는 방법도 있다는 거예요.

좋아하는 연예인이 없다면 지금 쓰고 있는 휴대전화를 만드는 회사는 어디인지, 그 회사를 포털 사이트에서 검색해보세요. 회사의 주식 가격이나 현황뿐만 아니라, 그 회사가 어떤 회사인지 자세히 알 수 있게 될 거예요.

게임 현질을 하는 대신에 그 게임을 만든 곳은 어디인지 살펴보는 것도 방법이에요. 예를 들어 로블록스 게임에 친구들이 열광한다면, 나는 게임 아이템을 사는 대신에 로블록스의 주식을 사는 것도 좋은 방법이에요.

이렇게 접근하면 내가 좋아하는 기업의 주식을 사서 응원하는 일이 어렵게만 느껴지진 않을 거예요. 이때 빨리 수익을 내려는 마음으로 하지 말고, 내가 성인이 될 때까지 함께 커간다는 생각으로 투자해 봐요. 주변에서 쉽게 볼 수 있으면서 소비를 자극하는 회사를 찾아 시간의 힘을 믿어보세요. 놀라운 일이 벌어질 거예요.

한번 다짐해볼까요?

- 저는 연예인 _____ 의 포토카드를 사는 대신 _____ 의 기획사인 _____ 의 주식을 사서 응원하기로 했어요.

- 저는 휴대전화 중에 _____ 휴대전화가 좋아요. 그래서 앞으로 휴대전화를 자주 바꿔달라고 부모님께 조르는 대신 _____ 휴대전화를 만드는 회사인 _____ 의 주식을 사서 이 회사를 응원하기로 했어요.

- 저는 _____ 게임이 정말 좋아요. 그래서 그 게임 속 아이템을 현질하는 대신에 _____ 게임을 만드는 회사인 _____ 의 주식을 사서 응원하기로 했어요.

- 저는 자동차 중에 _____ 자동차가 좋아요. 그래서 앞으로는 _____ 자동차를 만드는 회사인 _____ 의 주식을 사서 응원할 거예요.

아래에는 좋아하는 음식이나 옷, 학용품 등을 생각해보고 그 제품을 만드는 회사가 어디인지 알아본 후에 자유롭게 작성해보아요.

- 저는 _____ 중에 _____ 가 좋아요. 그래서 이제 _____ 를 만드는 _____ 회사의 주식을 사서 응원하려고 해요.

- 저는 _____ 중에 _____ 가 좋아요. 그래서 이제 _____ 를 만드는 _____ 회사의 주식을 사서 응원하려고 해요.

내 친구들은 용돈을 받아서 어떻게 쓸까?

혹시 여러분의 친구들은 어느 정도의 경제활동을 하고 있나요? 유튜브에서 볼 수 있는 유명한 친구나 연예인 말고, 실제 내 주변의 친구들은 어떻게 용돈을 받고 돈을 쓰는지 이야기를 나누어본 적 있는지 궁금해요.

2018년 통계 자료에 의하면 여러분의 나이에 해당하는 9~11세에서는 48.9%의 아이들이 용돈을 받는다고 응답했어요. 그 말은 즉, 100명 중 51명의 아이들이 용돈을 받지 않는다는 뜻이에요.

선생님이 가르치는 5학년 학생들 중에서도 용돈을 받는 친구는 한 반에 절반 정도였어요. 용돈을 받지 않는 친구들은 부모님께서 필요할 때마다 사주신다고 하더라고요. 하지만 5학년 정도가 되면 필요한 물건은 직접 용돈을 모아서 사는 경험을 할 필요가 있어요. 성인이 되어 사회에 적응하기 위해 지금 기본적인 지식을 배우는 것처럼, 돈을 관리하는 방법도 지금 배워야 한다고 생각해요.

언제까지나 부모님이 주시는 돈으로만 생활할 수는 없잖아요. 용돈을 받아서 먹고 싶은 것도 직접 사 먹고, 가지고 싶은 것도 직접 사보면서, 어디에서 사면 더 싼지, 사고 나서 후회되는 소비는 없는지도 경험하는 거예요. 부모님의 생신 선물이나 좋아하는 친구에게 줄 선물을 직접 사면서 만족감도 느낄 수 있고요. 용돈을 모아서 미래를 위한 소비도 경험하면서 내적 만족을 느끼게 되겠지요. 또한 용돈을 차곡차곡 모아서 미래에 갖고 싶은 직업을 위해 관련된 책이나 물품을 살 수도 있어요. 모은 용돈으로 꾸준히 기부할 수도 있고요.

선생님 반 학생들 중에는 명절과 생일에 받은 용돈 등을 모아서 자신이 좋아하는 가수의 회사와 게임 회사의 주식을 사는 친구도 3분의 1이나 되었어요. 지금까지 용돈도 받아본 적 없고 경제활동을 한 적이 없다고 해도 늦지 않았어요. 지금부터라도 착실히 용돈을 모으고 사용하면 되니까요.

이번 시간에는 가장 친한 친구를 떠올려보고, 그 친구들과 용돈 이야기를 나누는 시간을 갖도록 해요. 친한 친구가 나와 비슷한 용돈을 받고 있을 수도 있고, 나와는 다르게 용돈을 받고 있지 않을 수도 있어요. 주변 친구들의 이야기를 들어보며 어느 정도가 적정한 용돈일지 한 번 생각해보는 시간을 가져봐요.

한번 알아볼까요?

- _____는 한 달에 _____의 용돈을 받고 한 달에 평균 _____을 저금한대요.
- _____는 한 달에 _____의 용돈을 받는데, 용돈이 부족하대요.
- _____는 용돈을 받지 않는대요. 그래서 이 책을 보고 부모님과 의논하여 용돈을 받을 생각이래요.

아래 문장에는 해당하는 곳에 동그라미를 쳐서 문장을 완성해 보아요.

- 그리고 저는 용돈을 받아요. vs. 받지 않아요.
- (용돈을 받는 경우) 용돈을 쓰고 남은 돈을 저금해요. vs. 저금하지 않아요.
- (용돈을 받지 않는 경우) 제 용돈이 생기길 바라요. vs. 바라지 않아요.

아래 빈칸에는 용돈에 대한 생각을 자유롭게 적어보아요.

_____
_____
_____
_____
_____
_____
_____

용돈은 얼마가 적당할까?

용돈을 받는 초등학생의 경우 저학년은 평균 1만 7,500원, 초등 고학년은 2만 2,300원을 한 달 용돈으로 받는다고 해요. 고학년으로 올라갈수록 용돈 받

초등학교 학년별 한 달 기준 적정 용돈 금액 제안

학년	일주일 적정 용돈	한 달(5주) 기준 총 용돈 액수	적절한 지급 일시
1학년	2천 원	1만 원	일주일마다
2학년	3천 원	1만 5천 원	일주일마다
3학년	4천 원	2만 원	2주나 한 달마다
4학년	5천 원	2만 5천 원	2주나 한 달마다
5학년	6천 원	3만 원	2주나 한 달마다
6학년	7천 원	3만 5천 원	2주나 한 달마다

는 주기가 길어지는데, 나이가 많아질수록 용돈 관리를 더 잘할 수 있다고 생각하기 때문이에요. 그러나 어릴 때부터 용돈을 받고 관리해본 적이 없다면, 나이가 들어도 돈 관리를 잘할 수 없어요. 해본 적이 없으니까요. 어른이라고 처음부터 모든 일을 수월하게 할 수는 없거든요.

선생님은 2021년에 《게임 현질하는 아이, 삼성 주식 사는 아이》라는 책에서, 부모님들께 아이들에게 용돈을 꼭 주어야 한다고 부탁드렸어요. 그리고 한 주에 해당 학년 더하기 1,000원씩을 주면 된다고 했어요. 5학년이라면 1주일에 6,000원씩, 5주를 기준으로 3만 원의 용돈을 받는 것이지요.

선생님은 이를 기본 용돈이라고 부르는데요, 사회에서는 기본 소득이라고 해요. 이 정도의 금액은 받아야 '돈'의 생산, 소비, 저축, 투자, 기부를 경험해볼 수 있기 때문이에요.

2022년부터 대전광역시 대덕구에서는 '어린이 드림카드'를 발급하여 용돈 수당을 지급했다고 해요. 초등학교 4~6학년 아이들에게 매달 2만 원씩 용돈을 지급하는 카드라고 하는데요. 과연 이 카드를 왜 주는 것일까요? 용돈이 있어야 경제생활을 경험할 수 있기 때문이지요. 아이들은 용돈을 받으면 동네에서 간식이나 학용품 등을 구입하며 소비를 경험하고, 휴지나 생리대와 같은 필수품을 살 수도 있을 거예요. 굳이 구입할 것이 없다면 기부할 수도 있겠지요. 그러면 곧 대전시의 지역 경제 활성화로 연결되지 않을까요?

이는 정부가 청년수당, 양육수당, 노인수당과 같은 돈을 지급함으로써 그 집단의 경제활동을 보호하는 동시에 '소비 절벽(경기 불황으로 인하여 소비 심리가 위축되어 소비가 크게 줄어드는 현상)'을 막는 효과를 불러일으키는 것과 같은 원리예요.

만약 여러분이 우리 동네에서 용돈 수당을 받게 된다면 그 돈을 어떻게 사용할 건가요?

- 저는 매달 2만 원의 용돈 수당을 받는다면 한 달에 평균 _____ 원을 저금할래요.
- 매달 2만 원의 용돈 수당을 받는다면 한 달에 평균 _____ 원을 사용할래요.
- 매달 2만 원의 용돈 수당을 받는다면 한 달에 평균 _____ 원을 기부할래요.

그 외에도 특별한 계획이 있으면 적어보세요.

_____
_____
_____
_____
_____
_____

나는
어떤 유형일까?

　선생님 반 친구 중에 한 아이는 쉬는 시간만 되면 친구들에게 스티커를 나누어주었어요. 그래서 그 아이의 자리는 스티커를 구경하는 친구들로 늘 북적댔어요. 이 친구는 팝잇이 유행하던 시기에는 팝잇을 가지고 오고, 슬라임이 유행하던 시기에는 슬라임을 가방 가득 가지고 왔어요. 물론 학교에서는 그런 것을 가지고 오지 못하게 하는데도 말이에요. 그래서 그 아이는 선생님의 눈을 피해서 친구들에게 하나씩 나누어주고는 했어요.

　어느 날 학생 상담 시간이 되어서 그 아이와 이야기를 나누게 되었어요. 그랬더니 뜻밖에도 너무 외롭다고 이야기하더라고요. 이유를 물으니, 친구들이 물건을 나누어줄 때만 옆에 있고, 물건을 받고 나면 다른 친구에게 가버린대요. 사기는 친구들을 위해 용돈을 다 쓰는데 정작 친구는 없고, 자꾸 속이 상한다고 했어요.

　선생님이 가장 걱정하는 유형이 바로 이런 경우예요. 용돈을 받으면 주변 친구들에게 베푸는 것을 좋아하는 아이. 문제는 주변 친구들은 이런 일이 반복되면 당연하게 여기고 받기만 한다는 거예요. 한편 그 학생은 주기만 하고 받는 것을 경험하지 못하니 속이 상하겠지요. 그러다 보면 주고 싶지 않아도 계속 줘야 하는 상황이 되거나, 학교폭력까지 일어날 수도 있어요. 친구는 돈과 물건으로 사귀는 게 아닌데, 첫 시작이 잘못된 거죠.

그렇다면 나는 어떻게 용돈을 쓰는지 아래에서 확인해볼까요?

돈에 대한 의지와 주변인과의 관계에 대한 애정도로 나눈 네 가지 유형

첫 번째 유형	두 번째 유형
돈에 대한 의지 **+** 주변인과의 관계 **+** 용돈을 받으면 저축한다. 용돈을 가족이나 친구 생일 등 꼭 필요한 곳에 사용한다.	돈에 대한 의지 **+** 주변인과의 관계 **−** 용돈을 받으면 모두 저축한다. 자신의 돈은 사용하지 않으려 하고 부모님이 해결해 주길 원한다.
세 번째 유형	네 번째 유형
돈에 대한 의지 **−** 주변인과의 관계 **−** 용돈을 받으면 모두 사용한다. 친구나 부모님께 사 주는 것 없이 자신이 갖고 싶거나 먹고 싶은 것만 산다.	돈에 대한 의지 **−** 주변인과의 관계 **+** 용돈을 받으면 모두 사용한다. 주변 친구들에게 전부 베풀고 즐거워한다.

(돈에 대한 의지 정도 **+**: 높음 **−**: 낮음 / 주변인과의 관계에 대한 애정도 **+**: 높음, **−**: 낮음)

여러분은 앞서 네 가지 유형 중에서 어느 것이 가장 이상적으로 보이나요? 돈에 대한 의지가 있어서 돈을 모을 줄 알고, 주변 사람들과의 관계도 좋은 친구가 가장 바람직하겠죠? 쉽지 않은 일처럼 느껴지겠지만, 걱정하지 마세요. 처음부터 용돈 관리를 잘하는 사람은 없으니까요. 용돈을 받으면 저축도 하고, 가족이나 친구 생일 등 꼭 필요한 곳에는 돈을 쓸 줄 아는 친구가 되길 기대할게요.

나는 어느 유형에 해당하는지 생각해볼까요? 일기장에 쓰듯 솔직하게 작성해보도록 해요.

_____ 번째 유형에 해당한다고 작성했어요. 그런데 글을 읽어보니 어떤 유형이 가장 좋아 보이나요? 그 유형이 되려면 어떤 노력을 하면 좋을까요? 자유롭고 솔직하게 작성해보아요.

용돈 관리로 시작하는 건강한 미래 준비

선생님은 여러분이 건강한 경제생활인으로 자라나길 바라요. 건강한 경제생활인이란, 자신의 재능을 발휘하여 소득을 얻고, 번 돈을 합리적으로 소비하며, 미래를 위해 저축하고, 투자를 통해 좀 더 나은 삶을 꾸려가는 사람이에요. 한편, 주변을 살필 줄 알고, 다른 사람의 어려움을 못 본 척하지 않으며, 나의 것을 남과 나눌 줄도 아는 사람이지요.

여러분은 성인이 되어서 자신만을 위해 돈을 모으기만 하는 삶을 살아서는 안 돼요. 미래를 위해 저축도 하고, 함께 성장할 회사에 투자도 하고, 내가 살 집도 마련하고, 글로벌 경제도 공부하여 투자하고, 이 과정에서 가진 것을 나누어 기부도 하는 것이 건강한 경제생활인이에요.

"당신은 과연 중산층(재산의 소유 정도가 중간에 놓인 계층)인가요?"라는 설문 조사가 이루어진 적이 있어요. 이 설문 조사에서 우리나라는 '부채 없이 30평 이상의 아파트를 소유하고, 월급은 500만 원 이상을 받고, 2,000cc급 중형 자동

차와 예금 1억 원 이상을 가지고 있으며, 해외여행을 해마다 1회 이상' 해야 중산층이라는 답변이 가장 많았다고 해요.

그런데 프랑스의 경우에는, 외국어를 하나 이상 구사할 수 있고, 스포츠를 하나 이상 즐기며, 악기를 다룰 줄 알고, 자신만의 요리를 만들 줄 알고, '공분(잘못된 사회문제에 함께 분노하는 것)'에 의연히 동참할 줄 알고, 약자를 도우며 봉사 활동을 꾸준히 하는 것을 중산층이라고 한대요. 또한, 미국의 공립학교에서도 중산층은 자신의 주장에 떳떳하고, 사회적 약자를 도우며, 부정과 불법에 저항하고, 정기적으로 보는 비평지가 있어야 한다고 가르친다는군요.

이렇게 비교해보니, 우리나라는 너무 물질에만 기준이 맞추어져 있다는 생각이 들지요? 선생님이 용돈 교육을 하는 이유도 여러분에게 물질 만능주의를 가르치려는 게 아니에요. 자본주의 사회에서 살아가는 이상 자본, 즉 돈에 대해 배워야 하겠지요. 하지만 돈 그 자체보다는 돈으로 할 수 있는 그 이상의 것을 배워야 한다고 생각해요. 그렇기에 돈에 얽매이지 않고 돈에 대한 제대로 된 생각을 가지려면 돈에 대해 공부할 필요가 있는 거지요.

여러분의 재능은 무궁무진하며, 그 재능으로 돈을 벌 거예요. 그리고 그 재능의 날개를 펴서 옆 사람도 그 바람을 같이 누릴 수 있게 해주세요. 그렇게 훌륭히 자라나서 멋진 사회 구성원이 되어주길 진심으로 바랍니다.

여러분은 어른이 되면 어떤 일을 하고 싶나요? 아직 확실한 장래 희망이 없어도 괜찮아요. 글을 읽고 머릿속에 떠오르는 미래의 모습이 있다면, 그 모습을 아래 빈칸에 그림과 글로 나타내봐요!

2장

용돈으로 건강한 경제생활을 꿈꾸어요

용돈으로 시작하는 경제생활

여러분이 받는 용돈은 경제활동을 배우기 위한 첫 단계라고 할 수 있어요. 경제활동은 크게 생산, 소비, 저축, 투자, 기부로 나뉘는데, 용돈을 받고 사용하면서 이런 과정을 경험할 수 있어요. 각 과정에 대해 선생님과 함께 살펴보고, 용돈 사용 과정을 알아보자고요.

경제활동은 사람들에게 필요한 것을 생산하고 소비하는 것과 관련된 모든 활동을 말해요. 경제활동이 잘되려면 순환이 잘 되어야 하는데, 이러한 선순환에는 '생산, 소비, 투자, 기부'의 과정이 필요해요.

생산이란 생활에 필요한 재화나 서비스를 만드는 활동이에요. 또한 가치를 증대시키는 모든 활동을 가리켜요. 예를 들어 회사가 휴대전화를 만들어내는 것은 생산 활동이에요. 휴대전화를 만드는 데 필요한 노동, 자본, 토지와 같은 것은 생산 요소라고 하고요. 우리가 매일 먹는 쌀을 얻기 위해서는 농부의 노동과 자본, 토지가 필요해요. 또한 버스 회사에서 버스를 운영하는 서비스, 선생님이 학생을 가르치는 서비스도 모두 생산이에요. 즉, 눈에 보이지 않는 생산입니다.

여러분이 경험한 생산 활동에는 어떤 것이 있나요?
_____
_____
_____
_____
_____

어느 날 갑자기 휴대전화를 생산하던 회사들이 모두 문을 닫는다면, 어떤 일이 일어날까요?
_____
_____
_____
_____
_____

이렇게 생산한 물품과 서비스는 누군가가 사용해야 하는데, 그것을 소비라고 해요. 만들어진 물건을 사는 것, 음식을 사 먹는 것, 의사 선생님의 진찰을 받는 것 등이 모두 소비 활동이에요.

그런데 소비 중에서도 꼭 필요한 소비와 그렇지 않은 소비, 즉 과소비를 구분할 줄 모르는 사람이 많아요. 필요해서 꼭 사야 하는 것을 샀다면 적절한 소비겠지만, 이미 가지고 있는데도 그저 가지고 싶은 욕구 때문에 또 사들이면 과소비예요. 비싼 것을 사야지만 과소비라고 생각하는 경우가 많은데, 과소비는 필요 이상의 돈이나 자원을 소비하는 것을 가리키는 용어예요. 그러니까 이미 운동화를 가지고 있는데 다른 브랜드의 운동화를 또 갖고 싶어서 사는 것은 과소비에 해당하는 거예요.

문제는 나의 능력을 넘어서 더 많이 소비하는 경우 경제활동에 심각한 타격을 받을 수 있다는 점이에요. 혹시 '통장'이 '텅장' 되었다는 이야기를 들어본 적 있나요? 한 달간 일을 하고 받은 월급이 통장에 입금되자마자, 그동안 소비했던 카드빚을 갚아야 해서 텅텅 빈 통장을 '텅장'이라고 부른다고 해요. 누구나 자신이 번 돈을 소비하며 즐길 수 있지만, 이를 적절한 선에서 통제하지 못하고 갖고 싶은 것, 먹고 싶은 것, 하고 싶은 것을 모두 하다가는 빚만 쌓일 거예요. 초등학교 때부터 소비를 통제할 줄 아는 힘을 키워야 하는 이유이지요.

> 여러분이 자주 하는 소비 활동에는 어떤 것들이 있나요?
>
> _____
>
> _____
>
> _____

여러분도 저축은 꼭 해야 한다는 말을 들었을 거예요. 저축을 사전에서 찾아보면 '절약하여 모아둔다'는 뜻도 있지만, 소득 중에서 소비로 지출되지 않은 부분을 일컫기도 해요. 그러니 필요한 소비만 하면 당연히 저축액이 늘어나지요. 돈을 전부 써버리지 않고 일정 부분을 저축하는 가장 큰 이유는 미래에 대비하기 위해서예요. 큰돈이 필요할 때가 많거든요. 병원비나 교육비, 집, 결혼 자금 등등, 살다 보면 큰돈이 필요한 경우가 생겨요. 또 갑자기 일자리를 잃으면 당장 소득이 줄어들기도 하고요. 이렇듯 위험에 대비하고 목돈(큰돈)을 모으려면 저축을 해야 해요.

그렇다고 해서 모든 사람이 저축만 하고 소비하지 않으면 어떻게 될까요? 일본은 경제 활성화를 위해 소비를 장려하였는데도 사람들이 저축만 해서 오히려 문제가 되었어요. 이렇게 소비를 전혀 하지 않으면 물건을 만들어봤자 팔리지 않으니, 회사의 생산량이 감소하게 돼요. 그러면 일자리가 줄고 실업자가 늘어나서 소비는 더욱 위축되고요. 투자와 기부는 당연히 뒤로 밀릴 테니 악순환이 반복됩니다. 따라서 기업과 정부의 입장에서는 무작정 저축하기보다는 효율적인 소비를 하는 것을 환영해요.

> 왜 회사들은 소비 절벽(소비가 급격히 줄어드는 현상)을 두려워하는 걸까요?
>
> _____
> _____
> _____
> _____
> _____

다음은 투자에 대해 알아볼까요? 우선 투자란, 이익을 얻기 위하여 어떤 일이나 사업에 자본을 대거나 시간과 정성을 쏟는 일을 의미해요. 보통 투자라고 하면 주식투자를 많이 떠올리게 되는데요. 혹시 여러분 중에도 주식투자하는 친구들이 있을까요? 실제로 최근 몇 년간 만 19세 미만의 미성년자 주식 계좌 증설이 급격히 늘어났거든요. 2020년에는 미성년자 주식 계좌가 47만여 개가 개설됐는데, 2021년 상반기(1월~6월)에만도 48만여 개가 개설되어 뉴스로 등장하기까지 했어요. 2022년에 열린 삼성전자 정기 주주총회에는 11세 초등학생도 있었다고 해요.

이렇듯 여러분과 비슷한 나이의 친구들도 회사에 투자하고 있어요. 특히 미성년자는 장기적으로 투자하는 경우가 많아서 다른 세대보다도 계좌 수익률이 높다고 해요.

하지만 주식투자만 투자가 아니에요. 앞서 언급한 것처럼 이익을 얻기 위해 시간과 정성을 쏟는 것이 투자라면, 여러분이 미래를 위해 공부하고 준비하는 것도 투자라고 할 수 있어요. 다시 말해, 장래 희망을 위해 책을 사거나 강의를 듣는 것들이 모두 투자인 셈이에요.

    선생님의 제자 중 한 명은 꾸준히 코딩을 배우면서 자신의 미래를 준비하고 있어요. 학원 수업을 받는 것 외에도 혼자서 프로그래밍 책으로 공부하며 노력하고 있어요. 어떤 친구는 선생님의 수업을 들은 이후로 로블룩스 게임에서 현질만 하다가 게임 회사의 주식을 사기로 마음을 바꾸었어요. 다른 친구는 종이비행기 날리기에 진심인데, 대회에 나가서 상을 탄 후에는 자신의 부수입을 늘리려고 커뮤니티를 개설하고 유튜브 채널을 운영하고 있어요. 또, 부모님과 협의해서 스마트스토어를 열고 종이접기 물품과 종이비행기 관련 물품을 팔겠다는 포부를 밝혔어요. 자신의 재능과 흥미, 소질을 직업과 연관 지어서 제대로 투자하고 있는 친구예요.

여러분은 자신의 미래를 위해 어떤 투자를 하고 있나요?

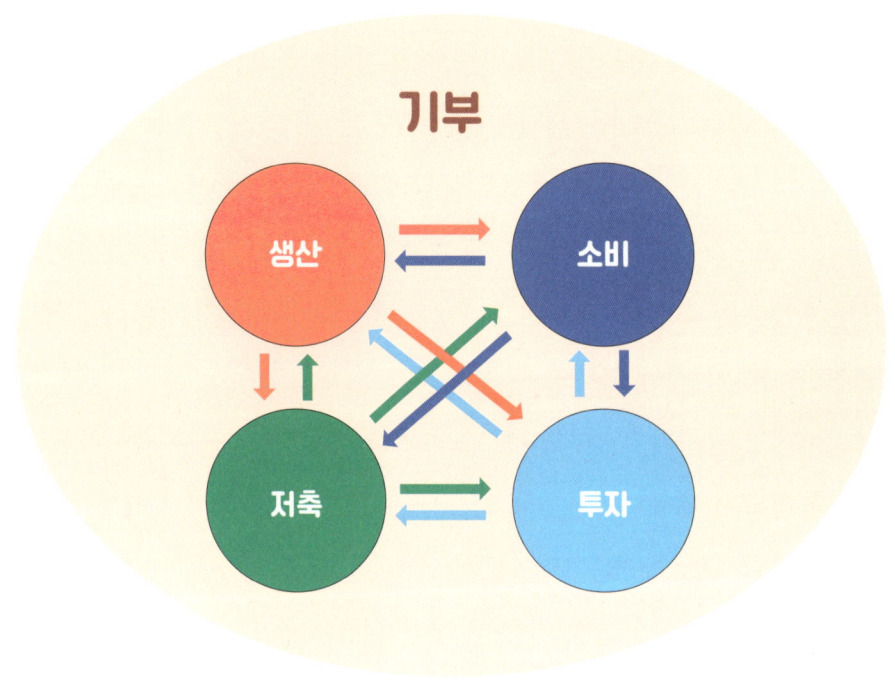

　마지막으로 기부는 이러한 경제활동 전반에 걸쳐 이루어지는 거예요. 내가 가진 돈과 물건을 나누는 것만이 기부는 아니에요. 이제는 생산 과정에서도 사회적 의무와 배려를 포함하는 경우가 많은데, 이 또한 기부 활동이에요. 죠리퐁 과자 뒷면에 보면 실종아동찾기 캠페인이 있어요. 이렇게 생산 과정에서 도움이 필요한 곳에 후원하거나, 시간이 조금 더 걸리더라도 장애가 있는 분들에게 일자리(사회적 기업의 일자리 창출)를 제공하는 것들이 이에 속해요.

　요즘은 소비자도 착한 소비를 추구하고 있어요. 생산 과정에서 환경을 오염시키지 않고 동물 실험을 하지 않는 제품을 소비하려 하는 것인데요. 착한 소비를 통해 소극적으로 기부하는 셈이에요. 사회적 의무에 힘을 쏟는 기업에 후원하고 투자하는 활동, 시민 단체를 지지하고 후원하는 활동도 일종의 투자이자 기부예요. 물론 저축한 돈의 일부를 직접 기부하거나 자신의 시간과 노동력을 기부할 수도 있지요.

결국 기부는 경제활동 전체에 걸쳐 유기적으로 이루어지고 있어요. 그리고 가진 것을 나누는 활동을 통해 개인은 더 큰 행복을 느끼고, 경제 공동체는 원활하게 돌아가게 됩니다.

한번 다짐해볼까요?

- 저는 _____ 와 _____ 을(를) 기부하려 합니다.
- 저는 저의 시간과 재능을 이용하여 자원 봉사 _____ 을(를) 할 수 있습니다.
- 넉넉하게 가진 것을 공동체와 나누며 더 행복한 삶을 살도록 노력하겠습니다.
- 내 주변인(가족, 친구, 선생님)들에게 할 수 있는 기부는 뭐가 있을까요? 아래 빈칸에 자유롭게 작성해보도록 해요.

_____
_____
_____
_____
_____
_____
_____

생산:
정기 용돈과 노력 용돈, 특별 용돈

 어른들은 자신의 노동과 시간, 서비스를 제공한 대가로 급여를 받아요. 주 단위로 받는 경우도 있지만, 우리나라는 대부분 월 단위로 받아서 월급이라고 해요. 이런 어른들의 월급은 우리 친구들에겐 용돈인 셈이에요.

 선생님은 앞서 '용돈은 얼마가 적당할까?' 파트에서 한 주에 해당 학년 더하기 1,000원씩을 제시했어요. 5학년이라면 1주일에 6,000원씩을 받는 것, 이 돈이 정기 용돈이에요. 정기 용돈이 부족한 것 같다고요? 그렇다면 여러분이 가정에서 다양한 노력을 통해 추가로 용돈을 얻을 수 있어요. 이 용돈은 앞으로 노력 용돈이라고 부를 거예요. 그러니까 정기 용돈과 노력 용돈을 합한 금액이 여러분의 한 달 용돈이 되는 셈이에요.

 선생님이 정기 용돈을 너무 많지 않게 제시한 이유는, 대부분의 부모님들이 여러분의 생활에 필요한 기본적인 것들을 모두 제공하고 있기 때문이에요. 따라서 앞으로는 어디까지 부모님이 해결해주시고, 어디서부터는 여러분의 용돈으로 사용할지 기준을 정해두면 좋아요. 예를 들어 학용품이 필요하다면 부모님이 사주시지만, 추가로 갖고 싶은 팬시 용품은 여러분의 용돈으로 사는 거예요. 부모님이 운동화를 사주시는데 만약 더 좋은 브랜드의 신발을 갖고 싶다면, 그 추가금은 여러분이 내는 걸로요. 좀 더 이해하기 쉽게 선생님이 직접 용돈을 준 예시를 들려줄 테니 찬찬히 생각해보세요.

선생님의 자녀가 초등학교 5학년일 때, 정기 용돈으로 일주일에 6,000원씩을 주었어요. 그리고 정기 용돈 외에 추가 용돈은 집안일을 도우는 걸로 주기로 했어요. 아이에게 용돈을 모으는 재미를 느끼게 해주고 싶었거든요. 그래서 빨래를 널거나 갤 때마다 1,000원, 책상과 방을 정리하고 깨끗하게 치우면 1,000원, 청소기를 돌리고 신발 정리를 해놓으면 1,000원, 설거지 1,000원으로 금액을 정했어요. 또한 악기를 열심히 배우게 하고 싶어서 아이가 연주 소리를 녹음해주면 선생님이 휴대폰 벨 소리로 쓰면서 1,000원씩 주었어요. 어린이날과 크리스마스에는 그다지 갖고 싶은 게 없다고 하기에, 필요한 것이 생기면 직접 사도록 기념일마다 5만 원씩 입금해 주었어요. 아이는 이런 돈을 차곡차곡 모았고, 중학생이 되던 날 자신이 정말로 갖고 싶어 하던 값비싼 현미경을 구입했어요.

또 아이가 공부를 열심히 하길 바라는 마음에, 문제집을 풀고 나면 문제집 값을 용돈으로 주었어요. 선생님의 자녀는 영어 외에 다른 과목은 학원을 다니지 않고 모두 문제집으로 해결했거든요. 학원비를 버는 셈이었으니, 문제집 값을 주는 것은 전혀 부담되지 않았어요. 또 아이가 학원에서 레벨 업을 할 때마다 아낀 학원비도 주었어요. 이렇게 큰 금액은 정기 용돈 통장이 아닌 장기 용돈 통장에 넣어주었어요.

장기 용돈 통장은 훗날 대학 등록금이나 주택을 구입하는 데 도움이 되길 바라는 마음에서 저축하는 통장이에요. 이 통장에는 친척에게 받는 큰 금액의 용돈이나 설날과 추석에 받는 명절 용돈도 넣어둬요. 이 돈은 정기 용돈과 합치지 않는데, 용돈을 준 목적이 다르기 때문이에요. 이렇게 받은 소중한 돈은 바로 써서 없애지 않고 미래를 위해 사용하는 돈이에요. 바로 이런 돈이 특별 용돈입니다.

이번 시간에는 노력 용돈을 어디에서 얼마씩 마련할지 그 기준을 부모님과 의논하여 결정하도록 해요. 매일매일 확인해서 해당 금액을 노력 용돈으로 추가하면 되는 거예요. 집안일도 돕고, 쓰지 않는 물품을 중고로 판매하여 수익을 낼 수 있고, 문제집을 다 풀어서 실력도 늘고 용돈도 더할 수 있어요. 크게 홈 아르바이트, 재능·학습, 그 외 사항으로 나누었어요. 해당하는 곳에 항목과 금액을 적고 그때그때 노력 용돈을 늘려 봐요. 어때요, 재미있을 것 같죠?

홈 아르바이트
(예시: 빨래 개기, 설거지, 청소, 신발장 정리, 심부름, 분리수거 돕기 등)

내용	금액

재능·학습
(예시: 부모님을 위한 연주, 강의 및 문제집 완료, 레벨 업 보너스 등)

내용	금액

그 외
(예시: 플리마켓, 당근마켓, 할머니 흰머리 뽑아드리기, 운동 등)

내용	금액

    이렇게 만든 표를 한 곳에 정리하여 냉장고나 보드판에 붙이고 매일 체크해요. 해당하는 금액만큼을 노력 용돈으로 받으면 되는데, 매일 받아도 되고 혹은 일주일에 한 번씩 특정 요일을 정해 받아도 좋아요. 다음은 예시로 만든 표예요. 어떻게 하는 건지 이해하기 쉽지요?

날짜 / 내용	8일 월	9일 화	10일 수	11일 목	12일 금	13일 토	14일 일
쓰레기 분리수거 (500원)	○		○		○		○
청소 돕기 (500원)		○		○		○	
1시간 걷기 (1,000원)	○	○		○			○
설거지 돕기 (500원)			○		○	○	
빨래 개기 (500원)	○	○				○	
시장 보기 (500원)			○	○			○

※ 위 표에서 이번 주 집안일로 받은 노력 용돈은 _____(계산해보세요)_____ 원입니다.

날짜 / 내용	___월	___화	___수	___목	___금	___토	___일

※ 위 표에서 이번 주 집안일로 받은 노력 용돈은 _____ 원입니다.

소비:
필요해서 사는 것과 원해서 사는 것의 차이

여러분은 어디에 용돈을 가장 많이 사용하나요? 선생님의 제자 중에는 콜라를 좋아하는 친구가 있는데, 모든 용돈을 콜라 사는 데 쓰고 있었어요. 아니, 오히려 용돈이 부족할 정도였지요. 그런데 콜라는 필요해서 산 것일까요, 원해서 산 것일까요? 맞아요, 원해서 산 거예요.

샤프가 없어서 새로 산다면 필요해서 사는 것이지만, 샤프가 있는데도 새것이 더 좋아 보여서 사는 것은 원해서 사는 거예요. 분명히 다르지요? 부자가 되기 위해서는 돈을 꼭 필요한 곳에만 사용하고, 원해서 사용하는 돈은 줄여야 해요. 사람이 원하는 것에는 끝이 없기 때문이에요.

앞으로 여러분이 용돈 다이어리를 쓸 때 늘 기억해둘 것이 있어요. 다이어리를 작성할 때, '받은 돈 > 필요해서 쓴 돈 > 원해서 쓴 돈'이어야 부자가 될 수 있다는 거예요. 그렇지 않으면 정작 돈이 필요할 때 쓸 돈이 남아 있지 않을 테니까요.

물론 정말 사고 싶은 물건을 사는 게 잘못된 것은 아니에요. 다만 사고 싶을 때마다 계획 없이 충동적으로 사는 것은 좋지 않은 습관이고, 예산을 세우고 계획적으로 소비하는 습관이 바람직해요. 선생님이 이런 이야기를 했더니 우리 반 친구가 말했어요. "어른들은 사고 싶을 때마다 신용카드로 사는데, 우리는 신용카드가 없어서 너무 불편해요"라고요.

그런데 어른들도 마찬가지거든요. 선생님도 아이패드를 사려고 몇 달 동안 계획적으로 돈을 모았어요. 아이패드 뿐만이 아니라 물건들은 미리 계획하고 정해놓은 때에 구입해요. 큰돈이 들기 때문에 신용카드를 사용하는 것뿐이에요. 신용카드를 사용하면 적은 금액으로 나누어서 지불할 수 있거든요. 당연히 신용카드를 사용한 뒤에는 그 돈을 갚아야 해요. 카드대금 청구서를 본 적이 있나요? 어른들은 이 청구서를 매달 본답니다.

원할 때마다, 갖고 싶을 때마다 무작정 물건을 사면 월급이 부족해져요. 어른들 중에는 심지어는 은행에서 대출까지 받아서 흥청망청 써버리는 사람도 있어요. 하지만 대출도 공짜는 아니에요(세상에 공짜는 없어요). 반드시 쓴 만큼 갚아야 하는 돈이랍니다. 여러분은 꼭 필요한 곳에만 돈을 쓸 줄 아는 현명하고 합리적인 소비자가 되길 바라요.

그래서 선생님이 물건 모음표를 만들어봤어요. 이미 갖고 있는데도 단지 예뻐서, 좋아보여서 사고 싶은 물건들이 있잖아요. 그럴때 내가 가진 물건 모음표를 생각하면 충동구매할 생각이 슬며시 사라진답니다. 물건 모음표를 작성한 5학년 친구들이 자신이 얼마나 많은 물건을 갖고 있는지 알게 되었고, 그 덕분에 갖고 싶은 물건이 생겨도 참을 수 있게 되었다고 말했어요. 여러분에게도 분명 도움이 될 거예요.

_____의 물건 모음표

1. 나는 얼마나 많은 물건을 갖고 있을까요? 내가 가진 물건들을 확인해봅시다.
2. 우리 집의 모든 물건을 적는 것이 아니라 나와 관련된 물건만 적습니다.
   ① 나만 쓰고 있는 내 물건 + ② 가족 물건 중에서 주로 내가 쓰는 물건
3. 내가 갖고 있는 물건부터 확인하는 것이 합리적인 소비의 시작입니다.

학습 + 문구류 (학용품 등)		의류 (가방,옷,신발 등)		전자기기류 (패드, 충전기 등)		기타 내 물건 (인형,장난감 등)	
품목	개수	품목	개수	품목	개수	품목	개수
책		여름 상의		컴퓨터		인형	
문제집		여름 하의		노트북		장난감	
필통		봄,가을 상의		스마트패드		안경	
연필		봄,가을 하의		핸드폰		물통	
지우개		겨울 상의		충전기		자전거	
자		겨울 하의		게임기		빗	
색연필		가방		프린터기		로션	
사인펜		운동화		선풍기		악기	
풀		이불		휴대용선풍기		악세사리	
가위		베개					
파일		양말					
스테이플러		지갑					
수정액							
공책							
연습장							
셀로판테이프							
색종이							
연필깎이							
볼펜							
샤프							
물감							
책상							
의자							

저축:
저축의 힘, 습관 그리고 태도

여러분은 저금통을 가지고 있나요? 혹시 저금통에 동전을 모아본 적은 있나요? 저금통과 관련해서 "쨍그랑 한 푼, 쨍그랑 두 푼, 벙어리저금통이 아이고, 무거워. 하하하하, 우리는 착한 어린이, 아껴 쓰고 저축하는 알뜰한 어린이"라는 노래도 있었는데요. 요즘 우리 친구들은 동전을 모으지 않으니 저금통이 없는 경우가 더 많을 거예요.

선생님은 네 칸으로 나뉜 저금통이 있다면 좋겠다는 생각이 들어요. 소비(3), 저축(3), 투자(3), 기부(1)로 나누어 모을 수 있을 테니까요. 이것은 어른들의 '네 개의 통장' 원리(급여통장: 월급 수령과 관리비, 대출비 등 고정 지출 관리용, 소비통장: 의류비, 외식비 등 변동 지출 관리용, 예비통장: 갑작스럽게 돈이 필요할 때를 대비하는 예비 자금 관리용, 투자통장: 투자 관리용)를 이용하는 것과 같은 효과를 낼 거예요. 그러면 어려서부터 저축, 소비, 기부, 투자하는 습관을 들여서 어른이 되어서도 잘할 수 있어요.

만약 저금통이 없다면 종이에 적어두는 것도 좋고, 쉽게 볼 수 있는 은행 앱을 활용하는 것도 좋은 방법이에요. 어떤 방법이든 돈이 모이는 걸 눈으로 확인할 수 있으면 좋겠어요.

적은 금액을 모아서 언제 큰돈이 될까, 싶은 생각이 들지요? 하지만 원하는 것을 사기 위해 차곡차곡 모으는 행위를 하다 보면 어느 순간 그 과정 자체를 즐기게 될 거예요. 그때 비로소 저축이 습관이 되고, 적은 돈도 소중히 여기는 태도가 길러져요.

용돈 다이어리를 쓰기 시작하기 전에 자신의 이름이 새겨진 저축 통장을 만들기로 해요. 내 이름이 적힌 통장에 적은 금액부터 쌓아가는 신나는 보람을 곧 알게 되길 바라요!

나는 저축 통장이 있다. vs. 없다.
저축 통장이 없다면, 만들 계획이 있다. vs. 없다.

투자:
나의 미래를 위해 용돈 사용하기

이익을 얻기 위해 어떤 일이나 사업에 자본을 대거나 시간이나 정성을 쏟는 것이 투자라고 했잖아요. 그러니까 주식을 사는 것도 투자이지만, 미래의 직업을 위해 시간과 정성을 쏟아 공부하는 것도 투자예요.

캐릭터 작가가 되고 싶다면, 관련된 책을 구입해서 공부할 수 있어요. 드로잉 패드가 필요하다면 용돈을 모아서 구입할 수도 있지요. 유명한 강의가 있다면 온라인을 통해 강의를 들을 수도 있고요. 다시 말해, 투자는 단순히 주식을 사는 것만이 아니라 미래를 위해 들인 학습 시간, 사용한 금액까지도 포함하는 거예요.

가장 좋은 투자는 자기 자신에게 하는 투자예요. 자신의 가치를 높여서 어디서나 찾는 사람이 되세요. 누군가에게 일자리를 달라고 요청할 필요 없이, 여러분에게 일을 해달라고 사람들이 찾아오게끔 전문성과 실력을 갖춰보세요. 그것이 가장 좋은 투자겠지요?

나 자신을 위해서 하고 싶은 투자가 있나요?

무엇이 되고 싶고, 무엇을 더 잘하고 싶은가요?

그를 위해 어떤 투자를 할 수 있을까요? 자유롭게 적어보도록 해요.

기부:
재능 기부, 물건 기부, 용돈 기부

여러분은 기부를 해본 적이 있나요? 해마다 초록우산재단의 '희망편지쓰기'를 해본 친구들은 많을 것 같아요. 학교에서 저금통에 동전을 모은 적도 있을 거예요. 혹시 크리스마스 씰은 들어본 적 있나요? 씰의 판매 수익금은 어려운 사람들을 위해 쓰여요. (참고로 2021년 씰에는 유재석이 주인공으로 등장했어요.)

TV에서는 후원을 바라는 곳의 전화번호가 뜨기도 하고, 유튜브 광고에도 후원할 수 있는 연락처가 나와요. 혹시 그런 곳에 직접 기부해본 적 있나요? 아마도 미성년자이고 부모님이 법정 대리인이라서 쉽지 않을 수 있어요. 그러면 초등학생인 우리는 돕고 싶은 마음을 어떻게 실천할 수 있을까요?

기부는 꼭 돈으로만 할 수 있는 건 아니에요. 여러분의 시간과 재능을 기부할 수도 있어요. 연주 봉사를 하거나, 키오스크에서 주문하기를 힘들어하시는 할아버지, 할머니를 대신해 주문해드릴 수도 있어요. 안 쓰는 물건을 아름다

운가게에 기부할 수도 있고, 학용품이 필요한 보육원에 기부할 수도 있지요. 부모님과 함께 연탄 나르기 봉사를 할 수도 있고, 물건을 구입해서 어려운 이웃에게 베풀 수도 있고요. 머리카락을 길러 소아암 환자들을 위해 가발을 만드는 곳에 기부할 수도 있어요. 이렇듯 기부는 마음만 먹으면 할 수 있는 방법은 다양해요. 가장 중요한 것은 더불어 살아가면서 나누려는 마음이지요. 아까워하는 마음은 내려놓고 내 것을 조금만 나누어볼까요?

우리가 도움을 줄 수 있는 곳은 어떤 곳이 있을까요? 정말 돕고 싶은 곳은 어떻게 하면 찾을 수 있을까요? 동물을 좋아한다면 집 근처 유기견 보호소를 찾아보는 것도 좋은 방법이에요. 그곳엔 사람의 손길을 원하는 강아지와 고양이가 가득하거든요. 사료가 부족해서 배가 고프고, 추위를 견디는 동물이 많아요. 이외에도 내 도움과 손길을 필요로 하는 곳을 한번 찾아볼까요?

초등 5학년부터 스스로
돈을 번 쭈니맨 이야기

중학생인 권준(쭈니맨) 형은 초등학교 6학년에 주식으로 1,500만 원이라는 거금을 벌었대요. 코로나19로 온 나라가 혼란에 빠졌을 때, 쭈니맨은 우리나라에서 가장 튼튼한 회사들의 주식을 사 모았어요. 덕분에 안정기에 접어들었을 때 큰 수익을 거두었다고 합니다.

쭈니맨도 주식을 하기 위해서는 투자금이 필요했어요. 그래서 그동안 다양한 일을 했다고 해요. 7살 때는 엄마 가게에서 미니카를 팔아 500만 원을 벌었고, 커피를 내리면서 용돈을 모으기도 했다고 해요. 게다가 특별 용돈까지 합치니 주식 투자에 쓸 종잣돈이 상당했나봐요. 참 대단하죠?

쭈니맨은 이제 주식 투자뿐만 아니라 네이버 스마트스토어를 운영하며 직접 물건을 팔고, 사진과 영상을 찍는 사업가로 거듭났어요. 쭈니맨이 주인공으로 등장하는 게임과 만화도 만들 거라고 해요. 유튜버로 강의도 하고요. 전 세계에서 관심을 가지는 미래의 경제인으로 주목받고 있지요. 게다가 수익금

전액을 기부하기도 하고 꾸준히 좋은 일을 하고 있으니, 앞으로가 더 기대됩니다.

우리도 제2의 쭈니맨이 될 수 있어요. 국영수뿐만 아니라 돈 공부도 열심히 하면 돼요. 그 시작은 용돈 다이어리라는 거, 잊지 마세요!

> 나는 어떤 분야에서 종잣돈을 모을 수 있을까 상상해보아요. 여러분은 아직 말랑말랑한 지점토 같아서, 어떤 생각을 갖고 어떻게 사느냐에 따라 만들어지는 모양이 달라지거든요. 그러니 무궁무진한 가능성을 가졌다는 걸 잊지 말고, 마음껏 상상한 내용을 적어보아요.

3장

초5 용돈 다이어리

용돈 다이어리 이렇게 써봐요!

* 월과 날짜를 적고 일주일 용돈 다이어리를 기록해요!

9월

① 받은 돈 기록하기
한 주가 시작하는 월요일에는 '남은 용돈'과 '정기 용돈'을 적어요. 남은 용돈에는 지난주가 끝날 때 남은 돈을, 정기 용돈은 5학년이 1주일에 받는 6,000원을 적으면 됩니다. 노력 용돈은 부모님과 협의 후 정합니다. 집안일도 돕고 용돈도 늘려가는 재미를 찾길 바라요!

② 쓴 돈 기록하기
필요해서 쓴 돈과 원해서 쓴 돈의 차이를 분명히 구분할 수 있죠? 가급적 필요해서 쓴 돈이 원해서 쓴 돈보다 많도록, 충동적인 지출을 줄여보자고요.

		5일 월요일	6일 화요일	7일 수요일	8일 목요일
받은 돈	남은 용돈	2,000원	4,000원	4,000원	3,000원
	정기 용돈	6,000원			
	노력 용돈	설거지 2,000원	방 정리 1,000원		신발정리 2,000원
쓴 돈	필요해서 쓴 돈	이번주 저축 2,000원			지우개 1,000원
		볼펜 2,000원			
	원해서 쓴 돈	음료수 2,000원		스티커 1,000원	
			과자 1,000원		
					아이스크림 1,000원
남은 돈 (받은 돈 - 쓴 돈)		4,000원	4,000원	3,000원	3,000원
저축한 돈		2,000원			
특별 용돈				할머니 20,000원	
꿈을 위한 씨앗돈		2,000원	2,000원	22,000원	22,000원

③ 저축 먼저!
정기 용돈을 받자마자 3분의 1인 2,000원을 저축합니다. 저축은 반드시 돈을 쓰기 전에 먼저 해야 해요. 이 습관이 들면 어른이 되어서도 안정적으로 저축을 할 수 있습니다. 정기 용돈을 받는 매주 월요일마다 저축을 하고, 필요해서 쓴 돈에 가장 먼저 적어 넣어요. 그리고 아래 '꿈을 위한 씨앗돈'의 '저축한 돈'에도 똑같이 적습니다.

④ 남은 돈 확인하기
매일 받은 돈의 합에서 쓴 돈의 합을 빼면 돼요. 이 남은 돈은 다음날 '남은 용돈' 칸에 그대로 적어요. 이 표에서도 월요일 남은 돈이 화요일 남은 용돈이 되고, 화요일 남은 돈이 수요일 남은 용돈이 된 게 보이죠? 이렇게 옮겨 적습니다.

⑥ 꿈을 위한 씨앗돈

일주일 단위로 꿈을 위한 씨앗돈(모은 돈)을 작성해나가요. 우선 월요일에 반드시 저축하는 2,000원으로 시작하게 되겠죠? 특별 용돈은 친척 어른들이 주시는 비정기적인 용돈이에요. 이 돈을 받은 날짜에 적고 저축한 돈과 합산하여 꿈을 위한 씨앗돈에 작성하면 됩니다.

9 일 금요일	10 일 토요일	11 일 일요일
3,000원	4,000원	12,000원
빨래 개기 2,000원	문제집 끝 10,000원	청소기 2,000원
		친구 선물 2,000원
쵸콜렛 1,000원	물총 2,000원	스티커 1,000원
4,000원	12,000원	11,000원
	이모 30,000원	
22,000원	52,000원	52,000원

이번 주에 나는

남은 용돈 **2,000원** 원과
정기 용돈 **6,000원** 원을 받고
노력 용돈 **19,000원** 원을 벌었어요.

필요해서 쓴 돈은 **7,000원** 원이고,
원해서 쓴 돈은 **9,000원** 원이에요.

필요해서 쓴 돈보다 원해서 쓴 돈이
(많아요)   적어요.   같아요.

남은 돈은 **11,000원** 원입니다.

이번 주에는 씨앗돈을
52,000원 원 모았습니다.

⑤ 씨앗돈은 쓰지 않아요
파란색 칸으로 표시한 씨앗돈은 쓰지 않고 통장에 모아두는 돈이에요. 여러분의 미래에 아주 귀한 자양분이 될 거랍니다!

⑦ 한 주의 총정리
한 주가 끝나면 일주일 동안 받은 돈과 쓴 돈, 저축한 돈을 각각 더해서 합계를 내요. 이렇게 하면 필요해서 쓴 돈과 원해서 쓴 돈이 얼마인지 한눈에 파악하기 쉬워요! 계획적인 소비가 많았는지, 충동 소비가 많았는지 반성하고 점검해보아요.

Tip!
한 주가 끝나고 남은 돈은 다음주 월요일 '남은 용돈'에 기록하고 사용하면 됩니다.

_____의 용돈 다이어리

_____월

		___일 월요일	___일 화요일	___일 수요일	___일 목요일
받은 돈	남은 용돈				
	정기 용돈				
	노력 용돈				
쓴 돈	필요해서 쓴 돈				
	원해서 쓴 돈				
남은 돈 받은 돈 + 쓴 돈					
저축한 돈					
특별 용돈					
꿈을 위한 씨앗돈					

이번 주 용돈을 받고 쓰면서 가장 기억에 남는 일은 뭐가 있었나요?

이번 주에 읽은 경제 책의 제목과 내용을 적어볼까요?

_____일	_____일	_____일
금요일	토요일	일요일

이번 주에 나는

남은 용돈 _____ 원과

정기 용돈 _____ 원을 받고

노력 용돈 _____ 원을 벌었어요.

필요해서 쓴 돈은 _____ 원이고,

원해서 쓴 돈은 _____ 원이에요.

필요해서 쓴 돈보다 원해서 쓴 돈이

많아요.   적어요.   같아요.

남은 돈은 _____ 원입니다.

이번 주에는 씨앗 돈을

_____ 원 모았습니다.

이번 주에 사용한 용돈을 평가해볼까요?

나

아주 잘했어!   보통!   좀 더 노력하자!

한 줄 반성과 다짐

부모님

아주 잘했어!   보통!   좀 더 노력하자!

한 줄 조언

_____ 의 용돈 다이어리

____월		___일 월요일	___일 화요일	___일 수요일	___일 목요일
받은 돈	남은 용돈				
	정기 용돈				
	노력 용돈				
쓴 돈	필요해서 쓴 돈				
	원해서 쓴 돈				
남은 돈 받은 돈 + 쓴 돈					
저축한 돈					
특별 용돈					
꿈을 위한 씨앗돈					

이번 주 용돈을 받고 쓰면서 가장 기억에 남는 일은 뭐가 있었나요?

이번 주에 읽은 경제 책의 제목과 내용을 적어볼까요?

___일 금요일	___일 토요일	___일 일요일

이번 주에 나는

남은 용돈 _____ 원과
정기 용돈 _____ 원을 받고
노력 용돈 _____ 원을 벌었어요.

필요해서 쓴 돈은 _____ 원이고,
원해서 쓴 돈은 _____ 원이에요.

필요해서 쓴 돈보다 원해서 쓴 돈이
많아요.   적어요.   같아요.

남은 돈은 _____ 원입니다.

이번 주에는 씨앗 돈을
_____ 원 모았습니다.

이번 주에 사용한 용돈을 평가해볼까요?

🙂 나

아주 잘했어!   보통!   좀 더 노력하자!

한 줄 반성과 다짐

👵 부모님

아주 잘했어!   보통!   좀 더 노력하자!

한 줄 조언

_____ 의 용돈 다이어리

_____ 월

		_____일 월요일	_____일 화요일	_____일 수요일	_____일 목요일
받은 돈	남은 용돈				
	정기 용돈				
	노력 용돈				
쓴 돈	필요해서 쓴 돈				
	원해서 쓴 돈				
남은 돈 받은 돈 + 쓴 돈					
저축한 돈					
특별 용돈					
꿈을 위한 씨앗돈					

이번 주 용돈을 받고 쓰면서 가장 기억에 남는 일은 뭐가 있었나요?

이번 주에 읽은 경제 책의 제목과 내용을 적어볼까요?

_____일	_____일	_____일
금요일	토요일	일요일

이번 주에 나는

남은 용돈 _____ 원과

정기 용돈 _____ 원을 받고

노력 용돈 _____ 원을 벌었어요.

필요해서 쓴 돈은 _____ 원이고,

원해서 쓴 돈은 _____ 원이에요.

필요해서 쓴 돈보다 원해서 쓴 돈이

많아요.   적어요.   같아요.

남은 돈은 _____ 원입니다.

이번 주에는 씨앗 돈을

_____ 원 모았습니다.

이번 주에 사용한 용돈을 평가해볼까요?

🙂 나

아주 잘했어!   보통!   좀 더 노력하자!

한 줄 반성과 다짐

👩 부모님

아주 잘했어!   보통!   좀 더 노력하자!

한 줄 조언

_____ 의 용돈 다이어리

_____ 월

		_____일 월요일	_____일 화요일	_____일 수요일	_____일 목요일
받은 돈	남은 용돈				
	정기 용돈				
	노력 용돈				
쓴 돈	필요해서 쓴 돈				
	원해서 쓴 돈				
남은 돈 받은 돈 + 쓴 돈					
저축한 돈					
특별 용돈					
꿈을 위한 씨앗돈					

이번 주 용돈을 받고 쓰면서 가장 기억에 남는 일은 뭐가 있었나요?

이번 주에 읽은 경제 책의 제목과 내용을 적어볼까요?

_____일 금요일	_____일 토요일	_____일 일요일

이번 주에 나는

남은 용돈 _____ 원과

정기 용돈 _____ 원을 받고

노력 용돈 _____ 원을 벌었어요.

필요해서 쓴 돈은 _____ 원이고,

원해서 쓴 돈은 _____ 원이에요.

필요해서 쓴 돈보다 원해서 쓴 돈이

많아요.   적어요.   같아요.

남은 돈은 _____ 원입니다.

이번 주에는 씨앗 돈을

_____ 원 모았습니다.

이번 주에 사용한 용돈을 평가해볼까요?

🙂 나

아주 잘했어!   보통!   좀 더 노력하자!

한 줄 반성과 다짐

🙂 부모님

아주 잘했어!   보통!   좀 더 노력하자!

한 줄 조언

_____의 용돈 다이어리

_____월

		_____일 월요일	_____일 화요일	_____일 수요일	_____일 목요일
받은 돈	남은 용돈				
	정기 용돈				
	노력 용돈				
쓴 돈	필요해서 쓴 돈				
	원해서 쓴 돈				
남은 돈 받은 돈+쓴 돈					
저축한 돈					
특별 용돈					
꿈을 위한 씨앗돈					

이번 주 용돈을 받고 쓰면서 가장 기억에 남는 일은 뭐가 있었나요?

이번 주에 읽은 경제 책의 제목과 내용을 적어볼까요?

_____일	_____일	_____일
금요일	토요일	일요일

이번 주에 나는

남은 용돈 _____ 원과
정기 용돈 _____ 원을 받고
노력 용돈 _____ 원을 벌었어요.

필요해서 쓴 돈은 _____ 원이고,
원해서 쓴 돈은 _____ 원이에요.

필요해서 쓴 돈보다 원해서 쓴 돈이
많아요.   적어요.   같아요.

남은 돈은 _____ 원입니다.

이번 주에는 씨앗 돈을
_____ 원 모았습니다.

이번 주에 사용한 용돈을 평가해볼까요?

🙂 나

아주 잘했어!   보통!   좀 더 노력하자!

한 줄 반성과 다짐

🙂 부모님

아주 잘했어!   보통!   좀 더 노력하자!

한 줄 조언

_____의 용돈 다이어리

____월

		___일 월요일	___일 화요일	___일 수요일	___일 목요일
받은 돈	남은 용돈				
	정기 용돈				
	노력 용돈				
쓴 돈	필요해서 쓴 돈				
	원해서 쓴 돈				
남은 돈 받은 돈 + 쓴 돈					
저축한 돈					
특별 용돈					
꿈을 위한 씨앗돈					

이번 주 용돈을 받고 쓰면서 가장 기억에 남는 일은 뭐가 있었나요?

이번 주에 읽은 경제 책의 제목과 내용을 적어볼까요?

_____ 일	_____ 일	_____ 일
금요일	토요일	일요일

이번 주에 나는

남은 용돈 _____ 원과
정기 용돈 _____ 원을 받고
노력 용돈 _____ 원을 벌었어요.

필요해서 쓴 돈은 _____ 원이고,
원해서 쓴 돈은 _____ 원이에요.

필요해서 쓴 돈보다 원해서 쓴 돈이
많아요. 적어요. 같아요.

남은 돈은 _____ 원입니다.

이번 주에는 씨앗 돈을
_____ 원 모았습니다.

이번 주에 사용한 용돈을 평가해볼까요?

🙂 나

아주 잘했어!   보통!   좀 더 노력하자!

한 줄 반성과 다짐

👩 부모님

아주 잘했어!   보통!   좀 더 노력하자!

한 줄 조언

_____의 용돈 다이어리

_____월

		____일 월요일	____일 화요일	____일 수요일	____일 목요일
받은 돈	남은 용돈				
	정기 용돈				
	노력 용돈				
쓴 돈	필요해서 쓴 돈				
	원해서 쓴 돈				
남은 돈 받은 돈+쓴 돈					
저축한 돈					
특별 용돈					
꿈을 위한 씨앗돈					

이번 주 용돈을 받고 쓰면서 가장 기억에 남는 일은 뭐가 있었나요?

이번 주에 읽은 경제 책의 제목과 내용을 적어볼까요?

_____일	_____일	_____일
금요일	토요일	일요일

이번 주에 나는

남은 용돈 _____ 원과

정기 용돈 _____ 원을 받고

노력 용돈 _____ 원을 벌었어요.

필요해서 쓴 돈은 _____ 원이고,

원해서 쓴 돈은 _____ 원이에요.

필요해서 쓴 돈보다 원해서 쓴 돈이

많아요.   적어요.   같아요.

남은 돈은 _____ 원입니다.

이번 주에는 씨앗 돈을

_____ 원 모았습니다.

이번 주에 사용한 용돈을 평가해볼까요?

나

아주 잘했어!   보통!   좀 더 노력하자!

한 줄 반성과 다짐

부모님

아주 잘했어!   보통!   좀 더 노력하자!

한 줄 조언

_____ 의 용돈 다이어리

_____ 월

		_____일 월요일	_____일 화요일	_____일 수요일	_____일 목요일
받은 돈	남은 용돈				
	정기 용돈				
	노력 용돈				
쓴 돈	필요해서 쓴 돈				
	원해서 쓴 돈				
남은 돈 받은 돈 + 쓴 돈					
저축한 돈					
특별 용돈					
꿈을 위한 씨앗돈					

이번 주 용돈을 받고 쓰면서 가장 기억에 남는 일은 뭐가 있었나요?

이번 주에 읽은 경제 책의 제목과 내용을 적어볼까요?

_____ 일	_____ 일	_____ 일
금요일	토요일	일요일

이번 주에 나는

남은 용돈 _____ 원과

정기 용돈 _____ 원을 받고

노력 용돈 _____ 원을 벌었어요.

필요해서 쓴 돈은 _____ 원이고,

원해서 쓴 돈은 _____ 원이에요.

필요해서 쓴 돈보다 원해서 쓴 돈이

많아요.   적어요.   같아요.

남은 돈은 _____ 원입니다.

이번 주에는 씨앗 돈을

_____ 원 모았습니다.

이번 주에 사용한 용돈을 평가해볼까요?

🙂 나

아주 잘했어!   보통!   좀 더 노력하자!

한 줄 반성과 다짐

👩 부모님

아주 잘했어!   보통!   좀 더 노력하자!

한 줄 조언

_____의 용돈 다이어리

◯_____월

		_____일 월요일	_____일 화요일	_____일 수요일	_____일 목요일
받은 돈	남은 용돈				
	정기 용돈				
	노력 용돈				
쓴 돈	필요해서 쓴 돈				
	원해서 쓴 돈				
남은 돈 받은 돈 + 쓴 돈					
저축한 돈					
특별 용돈					
꿈을 위한 씨앗돈					

이번 주 용돈을 받고 쓰면서 가장 기억에 남는 일은 뭐가 있었나요?

이번 주에 읽은 경제 책의 제목과 내용을 적어볼까요?

_____일	_____일	_____일
금요일	토요일	일요일

이번 주에 나는

남은 용돈 _____ 원과
정기 용돈 _____ 원을 받고
노력 용돈 _____ 원을 벌었어요.

필요해서 쓴 돈은 _____ 원이고,
원해서 쓴 돈은 _____ 원이에요.

필요해서 쓴 돈보다 원해서 쓴 돈이
많아요.   적어요.   같아요.

남은 돈은 _____ 원입니다.

이번 주에는 씨앗 돈을
_____ 원 모았습니다.

이번 주에 사용한 용돈을 평가해볼까요?

🙂 나

아주 잘했어!   보통!   좀 더 노력하자!

한 줄 반성과 다짐

🙂 부모님

아주 잘했어!   보통!   좀 더 노력하자!

한 줄 조언

_____ 의 용돈 다이어리

_____월		_____일 월요일	_____일 화요일	_____일 수요일	_____일 목요일
받은 돈	남은 용돈				
	정기 용돈				
	노력 용돈				
쓴 돈	필요해서 쓴 돈				
	원해서 쓴 돈				
남은 돈 받은 돈 + 쓴 돈					
저축한 돈					
특별 용돈					
꿈을 위한 씨앗돈					

이번 주 용돈을 받고 쓰면서 가장 기억에 남는 일은 뭐가 있었나요?

이번 주에 읽은 경제 책의 제목과 내용을 적어볼까요?

_____일	_____일	_____일
금요일	토요일	일요일

이번 주에 나는

남은 용돈 _____ 원과
정기 용돈 _____ 원을 받고
노력 용돈 _____ 원을 벌었어요.

필요해서 쓴 돈은 _____ 원이고,
원해서 쓴 돈은 _____ 원이에요.

필요해서 쓴 돈보다 원해서 쓴 돈이
많아요.   적어요.   같아요.

남은 돈은 _____ 원입니다.

이번 주에는 씨앗 돈을
_____ 원 모았습니다.

이번 주에 사용한 용돈을 평가해볼까요?

🙂 나
아주 잘했어!   보통!   좀 더 노력하자!

한 줄 반성과 다짐

👩 부모님
아주 잘했어!   보통!   좀 더 노력하자!

한 줄 조언

_____의 용돈 다이어리

_____월

		____일 월요일	____일 화요일	____일 수요일	____일 목요일
받은 돈	남은 용돈				
	정기 용돈				
	노력 용돈				
쓴 돈	필요해서 쓴 돈				
	원해서 쓴 돈				
남은 돈 받은 돈 + 쓴 돈					
저축한 돈					
특별 용돈					
꿈을 위한 씨앗돈					

이번 주 용돈을 받고 쓰면서 가장 기억에 남는 일은 뭐가 있었나요?

이번 주에 읽은 경제 책의 제목과 내용을 적어볼까요?

___일 금요일	___일 토요일	___일 일요일

이번 주에 나는

남은 용돈 _____ 원과
정기 용돈 _____ 원을 받고
노력 용돈 _____ 원을 벌었어요.

필요해서 쓴 돈은 _____ 원이고,
원해서 쓴 돈은 _____ 원이에요.

필요해서 쓴 돈보다 원해서 쓴 돈이
많아요.   적어요.   같아요.

남은 돈은 _____ 원입니다.

이번 주에는 씨앗 돈을
_____ 원 모았습니다.

이번 주에 사용한 용돈을 평가해볼까요?

🙂 나
아주 잘했어!   보통!   좀 더 노력하자!

한 줄 반성과 다짐

👩 부모님
아주 잘했어!   보통!   좀 더 노력하자!

한 줄 조언

_____ 의 용돈 다이어리

_____월

		_____일 월요일	_____일 화요일	_____일 수요일	_____일 목요일
받은 돈	남은 용돈				
	정기 용돈				
	노력 용돈				
쓴 돈	필요해서 쓴 돈				
	원해서 쓴 돈				
남은 돈 받은 돈 + 쓴 돈					
저축한 돈					
특별 용돈					
꿈을 위한 씨앗돈					

이번 주 용돈을 받고 쓰면서 가장 기억에 남는 일은 뭐가 있었나요?

이번 주에 읽은 경제 책의 제목과 내용을 적어볼까요?

_____ 일	_____ 일	_____ 일
금요일	토요일	일요일

이번 주에 나는

남은 용돈 _____ 원과

정기 용돈 _____ 원을 받고

노력 용돈 _____ 원을 벌었어요.

필요해서 쓴 돈은 _____ 원이고,

원해서 쓴 돈은 _____ 원이에요.

필요해서 쓴 돈보다 원해서 쓴 돈이

많아요.   적어요.   같아요.

남은 돈은 _____ 원입니다.

이번 주에는 씨앗 돈을

_____ 원 모았습니다.

이번 주에 사용한 용돈을 평가해볼까요?

🙂 나

아주 잘했어!   보통!   좀 더 노력하자!

한 줄 반성과 다짐

👩 부모님

아주 잘했어!   보통!   좀 더 노력하자!

한 줄 조언

_____의 용돈 다이어리

____월

		____일 월요일	____일 화요일	____일 수요일	____일 목요일
받은 돈	남은 용돈				
	정기 용돈				
	노력 용돈				
쓴 돈	필요해서 쓴 돈				
	원해서 쓴 돈				
남은 돈 받은 돈+쓴 돈					
저축한 돈					
특별 용돈					
꿈을 위한 씨앗돈					

이번 주 용돈을 받고 쓰면서 가장 기억에 남는 일은 뭐가 있었나요?

이번 주에 읽은 경제 책의 제목과 내용을 적어볼까요?

_____일	_____일	_____일
금요일	토요일	일요일

이번 주에 나는

남은 용돈 _____ 원과
정기 용돈 _____ 원을 받고
노력 용돈 _____ 원을 벌었어요.

필요해서 쓴 돈은 _____ 원이고,
원해서 쓴 돈은 _____ 원이에요.

필요해서 쓴 돈보다 원해서 쓴 돈이
많아요.   적어요.   같아요.

남은 돈은 _____ 원입니다.

이번 주에는 씨앗 돈을
_____ 원 모았습니다.

이번 주에 사용한 용돈을 평가해볼까요?

나
아주 잘했어!   보통!   좀 더 노력하자!

한 줄 반성과 다짐

부모님
아주 잘했어!   보통!   좀 더 노력하자!

한 줄 조언

_____의 용돈 다이어리

___월

		___일 월요일	___일 화요일	___일 수요일	___일 목요일
받은 돈	남은 용돈				
	정기 용돈				
	노력 용돈				
쓴 돈	필요해서 쓴 돈				
	원해서 쓴 돈				
남은 돈 받은 돈 + 쓴 돈					
저축한 돈					
특별 용돈					
꿈을 위한 씨앗돈					

이번 주 용돈을 받고 쓰면서 가장 기억에 남는 일은 뭐가 있었나요?

이번 주에 읽은 경제 책의 제목과 내용을 적어볼까요?

_____일	_____일	_____일
금요일	토요일	일요일

이번 주에 나는

남은 용돈 _____ 원과
정기 용돈 _____ 원을 받고
노력 용돈 _____ 원을 벌었어요.

필요해서 쓴 돈은 _____ 원이고,
원해서 쓴 돈은 _____ 원이에요.

필요해서 쓴 돈보다 원해서 쓴 돈이
많아요.   적어요.   같아요.

남은 돈은 _____ 원입니다.

이번 주에는 씨앗 돈을
_____ 원 모았습니다.

이번 주에 사용한 용돈을 평가해볼까요?

🙂 나

아주 잘했어!   보통!   좀 더 노력하자!

한 줄 반성과 다짐

🙂 부모님

아주 잘했어!   보통!   좀 더 노력하자!

한 줄 조언

_____의 용돈 다이어리

		_____일 월요일	_____일 화요일	_____일 수요일	_____일 목요일
받은 돈	남은 용돈				
	정기 용돈				
	노력 용돈				
쓴 돈	필요해서 쓴 돈				
	원해서 쓴 돈				
남은 돈 받은 돈+쓴 돈					
저축한 돈					
특별 용돈					
꿈을 위한 씨앗돈					

○___월

이번 주 용돈을 받고 쓰면서 가장 기억에 남는 일은 뭐가 있었나요?

이번 주에 읽은 경제 책의 제목과 내용을 적어볼까요?

| _____일 | _____일 | _____일 |
금요일	토요일	일요일

이번 주에 나는

남은 용돈 _____ 원과
정기 용돈 _____ 원을 받고
노력 용돈 _____ 원을 벌었어요.

필요해서 쓴 돈은 _____ 원이고,
원해서 쓴 돈은 _____ 원이에요.

필요해서 쓴 돈보다 원해서 쓴 돈이
많아요.   적어요.   같아요.

남은 돈은 _____ 원입니다.

이번 주에는 씨앗 돈을
_____ 원 모았습니다.

이번 주에 사용한 용돈을 평가해볼까요?

나
아주 잘했어!   보통!   좀 더 노력하자!

한 줄 반성과 다짐

부모님
아주 잘했어!   보통!   좀 더 노력하자!

한 줄 조언

_____의 용돈 다이어리

____월

		____일 월요일	____일 화요일	____일 수요일	____일 목요일
받은 돈	남은 용돈				
	정기 용돈				
	노력 용돈				
쓴 돈	필요해서 쓴 돈				
	원해서 쓴 돈				
남은 돈 받은 돈 + 쓴 돈					
저축한 돈					
특별 용돈					
꿈을 위한 씨앗돈					

이번 주 용돈을 받고 쓰면서 가장 기억에 남는 일은 뭐가 있었나요?

이번 주에 읽은 경제 책의 제목과 내용을 적어볼까요?

부모님을 위한
용돈 다이어리 안내서

    초등학교 5학년 자녀를 둔 부모님들, 그동안 아이 키우느라고 고생 많으셨습니다. 우선 그 부분에 있어서 스스로에게 칭찬을 먼저 해주셨으면 해요. 그리고 아이의 미래를 위한 또 다른 준비를 저와 함께 시작하시면 좋겠습니다. 바로 올바른 용돈 교육이에요. 용돈은 교과목처럼 학교에서 배우는 것만으로 발전이 이뤄질 수 없는 부분이기에 이 부록을 준비하게 되었습니다. 일단 아이가 용돈 교육을 받으려면 '용돈'을 받아야 할 터인데, 이건 분명 가정에서 해주셔야 하는 일이니까요. 아이에게 이 책을 주시고, 부모님께서는 부록이라 표시된 부분부터 자르거나 따로 읽고 지도해주시길 바랍니다. 문제집에서 문제풀이 부분과 답지를 따로 나누는 것처럼 말이죠.

    우선 용돈을 주지 않고 계신다면, 이제 무조건 용돈을 주시길 바랍니다. 그래야 아이가 용돈을 받고 사용하면서 생산, 소비, 기부, 투자를 모두 배울 수 있습니다. 그리고 어떻게 용돈을 쓰는지 그 패턴을 분석함으로써 우리 아이의 유형을 확인할 수 있어요.

    먼저, 돈에 대한 의지가 높고 주변인과의 관계 지향성도 높은 친구는 용돈을 저축하다가 가족과 친구 생일 등 꼭 필요한 곳에 사용할 줄 압니다.

멋진 친구죠. 반면 돈에 대한 의지는 높은데 주변인과의 관계 지향성이 낮은 친구는 용돈을 모두 저축하고 사용하지 않으려 합니다. 예를 들면, 친구가 사주면 얻어먹으려 하거나, 부모님의 돈으로만 해결하려는 식이지요. 스크루지 같은 유형이에요.

한편 돈에 대한 의지도 낮고 주변인과의 관계 지향성도 낮은 친구는 용돈을 받는 대로 전부 써버립니다. 다른 사람들보다 자신이 갖고 싶은 것에 집중하고 오로지 자신이 먹고 싶은 것만 사는 경향이 있어요.

마지막 유형은 돈에 대한 의지는 낮고 주변인과의 관계 지향성은 높은 친구예요. 이 친구는 용돈을 받으면 모두 사용하는데, 특히 주변 친구들에게 베풀 때 즐겁습니다. 아이가 왜 자신이 하고픈 건 챙기지 않고 친구들 좋은 일만 하고 다니는지 도통 답답한 부모님이 계시다면 아이가 이 유형일 가능성이 높아요.

돈에 대한 의지와 주변인과의 관계에 대한 애정도로 나눈 네 가지 유형

첫 번째 유형	두 번째 유형
돈에 대한 의지 + 주변인과의 관계 + 용돈을 받으면 저축한다. 용돈을 가족이나 친구 생일 등 꼭 필요한 곳에 사용한다.	돈에 대한 의지 + 주변인과의 관계 − 용돈을 받으면 모두 저축한다. 자신의 돈은 사용하지 않으려 하고 부모님이 해결해 주길 원한다.
세 번째 유형	네 번째 유형
돈에 대한 의지 − 주변인과의 관계 − 용돈을 받으면 모두 사용한다. 친구나 부모님께 사 주는 것 없이 자신이 갖고 싶거나 먹고 싶은 것만 산다.	돈에 대한 의지 − 주변인과의 관계 + 용돈을 받으면 모두 사용한다. 주변 친구들에게 전부 베풀고 즐거워한다.

(돈에 대한 의지 정도 +: 높음 −: 낮음 / 주변인과의 관계에 대한 애정도 +: 높음, −: 낮음)

아이의 유형에 맞게 돈을 사용하는 태도를 가르쳐주지 않으면 아이는 다른 사람에게 밥 한 번 못 사는 인색한 사람이 되거나, 정작 필요할 때는 돈이 없어서 쩔쩔맬 수 있습니다. 마지막 유형은 돈으로 친구의 관심과 환심을 사려다가 학교폭력에 얽히게 될 수도 있어요. 실제 학교에서 이런 일이 일어납니다.

아마도 거의 모든 부모들은 자녀가 돈에 대한 의지와 친구 지향성이 모두 높은 사람이 되길 바랄 겁니다. 그러려면 올바른 금융 태도를 가르쳐야 하고, 적은 돈이라도 아이가 직접 관리하며 책임감을 느낄 수 있도록 아이의 유형에 맞추어 지도할 필요가 있어요.

앞서 이야기한 것처럼 용돈 교육만큼은 학교 현장에만 의존하면 안 되는 상황입니다. 용돈은 집에서 받아야 하는 특수한 자원이란 한계도 있지만, 학교 현장에서 경제에 대해 교육하는 절대적인 시간이 부족하기 때문이에요. 현재 초등학교에서 경제에 대해 교육하는 과목은 사회와 실과인데요. 그나마도 돈 자체를 다루는 것은 실과 과목의 '용돈 기입장 작성하기'로, 분량은 2쪽에 불과합니다. 실과 역시 금융 교육 성취 기준이 3개에서 1개로 축소되었어요.

이렇다 보니 교육 과정을 통해서는 아이들이 합리적인 금융 생활을 영위하는 경제 시민으로 자라나기가 어려운 상황입니다. 선생님들이 체험활동 시간을 활용하여 경제 교육을 진행하거나, 교육 과정을 재구성하여 전문성을 발휘해야 해요. 그러나 교사 역시 금융 교육과 경제 교육이 필수적인 교육 과정이 아니기 때문에 지도하기 어렵습니다. 전문적인 부분이라

선뜻 시도하기 어렵거든요. 물론 이런 상황이 차차 개선될 거라 기대하지만, 개선이 되어도 가정에서 금융 교육이 함께 이뤄져야 하는 것은 분명합니다.

저는 《초5 용돈 다이어리》를 통해 학교와 가정이 연계되어 아이들에게 살아 있는 경제 교육을 할 수 있길 바랍니다. 진심으로요.

01 용돈 다이어리가 필요한 이유

용돈 기입장 대신 용돈 다이어리

   흔히 진행하는 용돈 교육은 '용돈 기입장' 교육뿐입니다. 그리고 용돈 기입장에는 아이가 가진 돈, 수입과 지출 내역을 적고 그 차이를 적는 잔액 칸이 전부예요. 그러면 열심히 적다가도 어느 순간부터 소용없는 일처럼 느껴져서 금세 그만두게 됩니다. 더군다나 요즘에는 현금보다는 체크카드를 사용하는 일이 많아서 용돈을 일일이 지급하지 않는 경우가 많아요.

   용돈 기입장에서 가장 아쉬운 점은 말 그대로 용돈을 '기입'하는, 기록만 할 뿐이라는 겁니다. 잔액을 구하기 위해 더하고 빼서 계산할 뿐, '반성'과 '점검'이 빠져 있어요. 성인이 되어 가계부를 쓰는 이유가 어디에 돈을 많이 쓰고 있는지, 불필요한 소비는 없었는지, 지출을 줄일 방법은 없는지 살펴보고 고민하기 위해서잖아요. 그런데 아이들의 용돈 기입장은 가계부 같은 역할을 하기엔 부족한 부분이 많습니다.

아이도 저축을 늘리고 필요 없는 데 사용하는 돈을 줄이려 노력하는 과정을 익혀야 해요. 그렇기에 용돈을 기입만 하는 것보다는 용돈을 어디에 썼는지 한눈에 파악하도록 하는 것이 중요합니다. 이 책에서 제공하는 용돈 다이어리에는 필요해서 쓴 돈과 원해서 쓴 돈으로 지출을 구분하도록 했습니다. 아이들이 친구 선물을 사줄 때 쓰는 돈, 학용품을 장만하기 위해 쓰는 돈은 필요에 의한 지출이고, 충동적으로 사먹게 되는 과자나 아이스크림, 예뻐서 사게 되는 스티커 같은 것들은 원해서 쓴 돈이 되겠지요. 한 주의 마지막에 '필요해서 쓴 돈'과 '원해서 쓴 돈'을 각각 합산하여 어느 금액이 더 큰지 직접 눈으로 확인할 수 있어서 반성과 점검이 용이합니다.

 ## 용돈 다이어리 점검 시 유의 사항

아이에게 용돈을 주고 나서 첫 점검에 나섭니다. 그런데 항목을 보니 가관이 아니에요. 스티커, 젤리, 포토카드... 굳이 저렇게 불필요한 것을 사야만 했는지, 밥을 먹고 나서 도대체 편의점에 가서 그 많은 군것질을 왜 한 건지 갑자기 울컥할 때도 있을 겁니다.

그런데 유의할 사항이 있습니다. 우선, 용돈을 주고 난 후 한두 달 동안은 아이가 용돈을 어떻게 사용하든 개입하지 말아야 한다는 것입니다. 아이가 다이어리만 잘 작성한다면 지켜만 보세요. 이때가 아이의 성향을 파악하는 시기입니다. 용돈을 받자마자 전부 써버리는 아이인지, 저축을 좋아하는 아이인지, 다른 친구에게 자신의 용돈을 다 쓰고도 즐거운 아이인지, 자신의 돈은 전혀 사용하지 않고 친구들에게 얻어먹기만 하는지 말입니다. 아이의 MBTI 유형을 알면 지도하기 편한 것처럼, 돈에 대한 의지와 대인관계 지향성을 알면 그에 맞추어서 지도하기가 수월해져요.

게다가 부모님이 지나치게 개입하면 아이가 다이어리를 작성하려 하지 않을 겁니다. 적당히 거짓말로 쓸 수도 있어요. 거짓으로 쓰는 건 의미가 없거든요. 따라서 용돈 사용을 점검하고 반성하는 날은 일주일에 하루면 됩니다. 이때 아이가 스스로 말할 수 있도록 이끌어주세요. 아이가 돈을 정말 원하는 곳에 썼을 때의 느낌과 충동적으로 썼을 때의 느낌을 직접 비교하는 것이 중요합니다. 이번 달에 가장 의미 있는 용돈 사용은 무엇이었는지, 가장 아까웠던 것은 무엇인지 이야기를 나누면서 아이의 생각을 이끌어내야 합니다.

 용돈 다이어리는 자기주도의 힘을 기르는 강력한 방법

제가 19년 동안 공교육에 몸담으면서 깨달은 사실이 있다면, 공부 잘하는 아이는 자기주도학습이 된다는 점입니다. 이런 아이들은 전체적인 학습 과정을 자발적으로 이끌어 나갑니다. 계획과 시행착오, 평가까지 모두 스스로 해요. 이 과정에서 부모의 역할은 스스로 할 수 있는 기회를 제공하고, 실패해도 다시금 일어설 수 있는 힘을 길러주는 것입니다. 유아기부터 이런 경험을 하고, 그 과정에서 자기주도의 힘을 기른 아이들이 대체적으로 공부를 잘합니다.

　돈도 마찬가지예요. 아이는 용돈을 받아 어디에 사용할지 선택하는 과정을 거칠 겁니다. 부모님은 용돈을 어디에 쓸지 계획하고 실천하며 평가하는 모든 과정을 아이 스스로 하게끔 지켜봐야 합니다. 용돈을 사용하면서 더 큰 것을 위해 기다리는 만족 지연의 과정도, 다른 사람과 나누는 기부의 과정도, 아이가 자기주도적으로 하게끔 합니다.

　아이가 자신의 용돈을 관리할 줄 안다는 말은 자신에게 주어진 조건을 제대로 관리한다는 의미이기도 해요. 이는 돈 관리뿐만 아니라 시간 관리, 학습 관리가 가능하다는 뜻이거든요. 몸에 밴 습관은 쉽게 바뀌지 않는 것처럼, 자신이 원하는 것은 얻기 위해 계획하고 사용하며 미래를 대비하는 경험은 많이 해볼수록 좋습니다. 그러면 이 습관을 다른 곳에도 응용할 것이고, 더 잘할 수 있을 겁니다.

02 용돈 다이어리로 배우는 경제

 생산: 정기 용돈과 노력 용돈

　제가 전작《게임 현질하는 아이 삼성 주식 사는 아이》에서 초등 시기 아이에게 제시한 적정한 용돈은 학년+1,000원입니다. 초등학교 1, 2학년이면 매주 용돈을 주고, 3학년부터는 아이의 성향과 자기주도력에 따라 2주에 한 번 혹은 한 달에 한 번씩 정기 용돈을 주기를 바랍니다. (용돈 관리를 처음 배우기 시작하는 경우라면 학년에 관계없이 1주일에 한 번을 추천하고, 익숙해지고 나면 제시한 것처럼 2주나 한 달마다 정기 용돈을 주기를 제안합니다.)

　월급을 받으면 예산을 계획하듯, 아이들도 정기 용돈을 받아야 계획을 세울 수 있습니다. 혹시 아이가 계획 세우기를 어려워한다면 용돈 다이어리를 통해 도와줄 수 있어요. 중요한 것은 아이가 정기적으로 용돈을 받고, 이것을 자신의 생산성으로 인식하는 일입니다. 용돈을 모아서 필요한 물건

초등학교 학년별 한 달 기준 적정 용돈 금액 제안

학년	일주일 적정 용돈	한 달(5주) 기준 합산한 용돈 액수	적절한 지급 일시 (한 달 용돈을 나누어 지급)
1학년	2천 원	1만 원	일주일마다
2학년	3천 원	1만 5천 원	일주일마다
3학년	4천 원	2만 원	2주나 한 달마다
4학년	5천 원	2만 5천 원	2주나 한 달마다
5학년	6천 원	3만 원	2주나 한 달마다
6학년	7천 원	3만 5천 원	2주나 한 달마다

을 사는 경험을 하면 만족 지연의 기쁨도 알게 될 거예요.

그러니 필요한 물건은 친척이 주는 특별 용돈으로 사지 않도록 해야 합니다. 생일 용돈, 명절 용돈 등은 정기 용돈과 구별해서 다른 통장에 입금하고, 성인이 되었을 때 종잣돈이 되도록 모아주세요. 반복해서 말하는 것은 그만큼 중요하기 때문이랍니다.

한편 아이가 용돈이 부족하다고 느끼면 이를 해결하기 위한 방법도 모색하게 됩니다. 이것이 노력 용돈이에요. 부모와 아이와 협의하여 가정에서 추가 용돈을 받는 방법을 정하는 과정이죠. 초등학교 저학년이라면 신발장 정리와 빨래 개기, 초등학교 고학년이라면 설거지, 심부름, 청소기 돌리기, 실내화 빨기, 분리수거 등을 할 수 있습니다. 일에 따라 보상 금액을 정하고, 일을 끝내면 정산해서 용돈으로 바로 제공해주세요. 이 약속은 반드시 지켜야 합니다.

이때 아이가 꾸준히 하면 좋을 습관(매일 30분씩 악기 연주하기, 책 읽기 등)과 학습 효과를 높이고 싶은 행동(문제집을 스스로 다 풀어냄, 상장을 받음)에서 시너지 효과가 나게끔 용돈을 제시할 수도 있습니다. 처음부터 그런 습관과 행동에서 내적 만족과 동기를 이끌어내기는 어려우니 외적 보상을 활용하는 거예요. 저 같은 경우에는 문제집을 다 풀면 문제집 금액만큼을 노력 용돈으로 주었습니다.

아이가 더 이상 갖고 놀지 않는 장난감처럼 안 쓰는 물건을 중고마켓에 판매하고 노력 용돈에 추가할 수도 있습니다. 칭찬과 보상을 통해 생산을 늘려가는 과정을 겪으면 스스로 용돈을 늘려가는 자립심이 자라고, 부모의 울타리가 소중하다는 것을 느끼게 돼요. 생산을 늘리는 과정의 최종 목표가 바로 이것입니다.

소비: 합리적인 의사 결정 경험하기

합리적인 소비란, 되도록 필요한 것을 사고 불필요한 소비를 한 경우에는 반성을 통해 같은 일이 반복되지 않도록 하는 것입니다. 초등학생 기준으로 생각해 보자면 슬라임이나 젤리처럼 몸에 좋지 않은 불필요한 소비를 줄이는 것이 합리적인 소비일 겁니다. 사고싶은 물건이 많은데 그중 어떤 것이 나에게 가장 도움이 되는 소비일까 생각해보게끔 하는 것이 우리의 목표라 할 수 있겠습니다.

게임 현질을 하든, 삼성 주식을 사든, 어찌 됐든 아이가 정기 용돈을 착

실하게 모아서 무언가를 사는 연습을 했다면 저축과 소비를 모두 경험한 셈입니다. 그러고 나면 소비를 반성하기도 쉬워져요. 이때 살펴보아야 하는 것은 혹시 내 아이가 무조건 안 쓰고 저축만 하는 아이가 아닌지 파악해야 하는 것입니다. 이런 경우엔 돈은 모을 수 있어도 적절한 소비 방법은 익힐 수 없기 때문이에요.

저희 집 둘째가 2학년이었을 때의 일을 예로 들어볼게요. 둘째는 열심히 모은 정기 용돈을 마트에서 파는 3D 잉크펜을 사는 데 다 쓴 적이 있었습니다. 그런데 정작 한 번 가지고 놀더니 관심이 없어지더라고요. 한 달 치 용돈이라는 거금을 썼는데 막상 갖고 나니 만족스럽지 않았던 거예요. 이 과정에서 아이가 느낀 것은 제가 말로 여러 번 가르친 것보다 많았습니다. 충동구매를 했지만 생각보다 흥미가 금방 식어서 오랫동안 갖고 놀 수 없었다는 점은 아이가 다음 소비를 계획하는 데 도움이 되었어요. 나중에 아이는 "더 모아서 로블록스 주식을 샀으면 더 좋았을텐데."라고 말했습니다.

이런 경험은 합리적인 소비를 할 수 있도록 도와줍니다. 그리고 소비를 점검하면서 소비의 효율성도 높일 수 있어요.

저축: 습관 형성을 위해

아이들에게 저축을 가르쳐야 하는 이유는 단 하나입니다. 저축이라는 좋은 습관을 갖게 하기 위해서예요.

지금 이 순간에도 아이들은 매일 TV와 유튜브 광고를 보며 갖고 싶은 것, 사고 싶은 것이 생깁니다. 일단 덮어놓고 지르는 카드 할부에 길들지 않도록, 갖고 싶은 물건이 생기면 우선 돈부터 모으게끔 인내력을 길러주어야 합니다. 모든 경제활동은 일단 돈을 모으는 데서 시작한다는 것을 아이가 깨달아야 하거든요.

내 아이니까 얼마나 예쁘겠어요. 기죽지 않았으면 좋겠고 갖고 싶다는 건 다 사주고 싶지요. 저도 잘 압니다. 하지만 모든 것을 부족함 없이 제공하진 않았으면 좋겠습니다. 오히려 아이에게 주어야 할 것은 당장의 물건이나 장난감이 아니라 돈을 대하는 올바른 태도와 습관이에요. 부족할 것 없는 재벌가에서도 아이가 갖고 싶어 하는 것을 무작정 사주지 않는다는 걸 보면, 그 인내와 습관을 갖게 하려는 것임을 충분히 유추해볼 수 있습니다.

 투자: 아이 자신의 미래를 위해

존 리 대표는 "사교육에 쓸 돈으로 차라리 주식에 투자하라"라고 했는데, 그 말이 이해될 만큼 우리나라 사교육 시장은 거대합니다. 실제로 한 가정에서 영어에 쏟아 붓는 사교육비가 최소 10만 원, 많게는 100만 원이 넘는 가정도 부지기수라고 해요. 하지만 아이들은 이 돈의 액수와 가치는 인식하지 못한 채, 엄마가 가라니까 학원에 갑니다. 이왕 돈 들인 거 조금만 더 열심히 해줬으면 좋겠는데, 기대에 못 미치는 아이에게 아쉬운 마음이 드는 것은 당연합니다.

우리는 아이에게 사교육을 시키면서 '투자'한다고 흔히들 말합니다. 그런데 투자는 내가 들인 돈 이상으로 수익을 얻어야 성공했다고 말할 수 있어요. 효율을 따져서 이왕이면 더 큰 수익을 얻을 수 있는 투자처를 찾아야 합니다. 만약 월 3만 원으로 300만 원 이상의 효과를 얻을 수 있다면 바로 실천해야 하지 않을까요? 한 달에 3만 원도 되지 않는 용돈을 주는 것이 어려운 일은 아닐 겁니다. 그런데 이 3만 원도 안 되는 용돈이 아이에게는 엄청난 효과를 발휘합니다. 용돈을 받고 쓰는 과정에서 아이는 자신의 미래를 생각하고 준비하기도 해요. 실제로 초등학교 5학년 아이들 중에 3만 원이 채 안 되는 용돈을 아껴서 웹툰 작가의 꿈을 이루기 위해 관련 책을 사고 온라인 강의를 듣는 친구도 있습니다. 돈을 모아 드로잉 패드를 사는 친구도 있고요. 이렇게 스스로 용돈을 모아 하나씩 장만한 아이는 부모님이 알아서 장비를 구비해준 아이보다 절실합니다.

  아이가 자신의 미래를 위해 용돈을 사용할 수 있게 해주세요. 사용처를 정해놓은 채 아이가 따라오게끔 하기보다는, 아이가 주도적으로 계획하고 사용할 수 있게 해주세요. 아이들의 미래를 위한 투자 효과는 배가 될 것입니다.

기부: '같이'의 가치 일깨우기

연말이 되면 학교에서 다양한 불우이웃돕기 활동을 연계합니다. 그런데 막상 아이가 기부하고 싶다고 해도 정말 믿어도 되는 단체인지, 정기 후원을 계속할 수 있을지 걱정이 앞서지요. 실제로 부정하게 후원금을 사용한 사건이 보도되고 나면 전혀 관련 없던 단체도 후원이 끊기는 경우가 많다고 합니다. 그러나 아이들에게 그런 일을 핑계로 기부하지 말라고 할 수는 없지 않을까요? 혼자 사는 세상이 아니라는 것을 알려주기 위해 기부는 계속되어야 합니다.

하지만 아이가 한 푼, 두 푼 열심히 모은 저금통에서 돈을 꺼내 기부하기는 쉽지 않은 일이에요. 어른인 우리도 치킨 한 번 안 먹으면 할 수 있는 정기 후원 2만 원도 괜히 부담처럼 느끼기도 하니까요. 그러니 처음부터 정기 후원을 선택하지 않아도 됩니다. 일회성이어도 좋으니, 아이가 누군가에게 기부하는 즐거움을 느끼게 해주세요. 후원금을 내기가 어렵다면 자신의 재능과 시간을 기부하는 1365 자원봉사 포털을 이용하거나, 사용하지 않는 물건을 기부하는 방법도 있습니다.

아이가 기부를 어렵게 생각한다면 부모님과 조부모님께 드리는 선물부터 시작하면 됩니다. 내가 가진 것을 나누면 상대가 고마워하고 즐거워한다는 것을 아는 것이 기부의 시작이니까요. 가족부터 시작해서 범위를 점차 넓혀 가면 됩니다. 기부할 때는 다른 사람과 비교하여 상대적으로 행복하다고 느낄 것이 아니라, 내가 가진 것을 나누어 주는 행위 자체를 즐거운 일로 인식하도록 도와주세요. 그러면 아이가 자신의 존재에 대해 감사함을 느끼게 됩니다. 이렇게 감사할 줄 아는 아이가 역경을 버텨낼 힘이 있습니다.

용돈 다이어리 지도하기

 용돈 다이어리 작성 순서 간략히 보기

1. 매주 월요일, 학년별 적정 금액에 맞추어 용돈을 제공합니다. (부록 11쪽 표 참고)
2. 아이는 날짜를 기입하고 월요일 '받은 돈'의 '정기 용돈'에 해당 금액을 적습니다.
3. 그와 동시에 '쓴 돈'의 '필요해서 쓴 돈'에 이번 주 저축 금액을 적고, '꿈을 위한 씨앗돈'의 '저축한 돈'에 저축 금액을 적어둡니다. 돈을 받음과 동시에 저축부터 하도록 하기 위해서인데, 아이 기준으로는 어쨌든 저축도 지출된 금액이기 때문에 '쓴 돈'에 작성하도록 했습니다.
4. 소비가 일어난 경우 아이가 꼭 필요해서 산 거라면 '필요해서 쓴 돈' 칸에, 갖고 싶어서 산 거라면 '원해서 쓴 돈' 칸에 항목과 금액을 적습

니다.

5. 매일 저녁 받은 돈에서 쓴 돈을 뺀 '남은 돈'을 적도록 합니다.
6. 비정기적인 용돈(친척들이 주는 용돈 등)은 받자마자 '꿈을 위한 씨앗돈'의 '특별 용돈' 칸에 적고 저축합니다. '꿈을 위한 씨앗돈'은 절대 사용하지 않는 돈입니다.
7. 일주일 단위로 각각 항목의 합계를 비교하며 '받은 돈' 〉 '필요해서 쓴 돈' 〉 '원해서 쓴 돈'이 부자가 되는 지름길임을 아이와 확인합니다. 아울러 아이와 용돈 사용에 대한 이야기를 나누며 반성하고 진단을 내리는 시간을 갖습니다.

 용돈 다이어리 구성 자세히 살펴보기

● 용돈 다이어리는 월요일부터 일요일까지 한 주 동안의 돈의 흐름을 기록하도록 주 단위로 나뉘어 있습니다. 아이들이 몇 월 며칠인지 날짜를 작성할 수 있게 칸을 비어두었고, 요일만 기입해두었어요. 날짜를 적은 후에는 받은 돈을 작성하게 되어 있습니다.

● 받은 돈은 남은 용돈, 정기 용돈, 노력 용돈 세 가지 항목으로 구성되어 있는데요. 남은 용돈은 지난주 용돈을 운용하고 말 그대로 '남은 돈'입니다. 이 남은 돈은 한 주의 시작인 월요일의 남은 용돈 칸에 작성해 넣으면 됩니다. 정기 용돈은 5학년 기준으로 일주일에 6천 원씩 주시면 됩니다. 아

이는 이 6천 원이 이 주의 정기 용돈이 됩니다. 일주일의 첫 날인 월요일에 받으니, 월요일 정기 용돈 칸에 6천 원을 작성하게 되겠지요. 그다음은 노력 용돈입니다. 집안일을 도와주며 아이들이 부수입을 얻는 것이 노력 용돈이에요. 이 부분은 부모님과 아이가 상의하여 알맞은 항목과 금액을 미리 정해두길 권합니다. 예를 들어 설거지 1천 원, 신발 정리 1천 원, 분리수거 1천 원, 이런 식으로 말이지요. 아이는 집안일도 돕고 부수입도 얻으면서 자신의 용돈을 불려가는 재미를 알게 됩니다. 어른으로 따지자면 정기 용돈은 월급이고, 노력 용돈은 부가 수입이에요.

● 그다음은 쓴 돈입니다. 용돈을 받으면 '소비 : 저축 : 미래를 위한 투자'의 비율이 가급적 1:1:1이 되도록 합니다. 그래서 일주일 용돈 6천 원을 받으면 먼저 2천 원을 저축하게끔 하는 것입니다. 미래를 위한 투자에는 책을 사거나 강의를 듣거나 기부를 하는 행위들이 포함됩니다.

쓴 돈은 크게 '필요해서 쓴 돈(미래를 위한 투자도 포함됨), '원해서 쓴 돈' 두 가지 항목으로 나누었어요. 반드시 필요한 물건을 산 경우는 필요해서 쓴 돈이고, 단지 예쁘거나 먹고 싶어서 충동적으로 산 군것질거리들은 원해서 쓴 돈이 되겠지요. 일주일을 마무리할 때 아이와 함께 용돈 다이어리를 살피고 점검하는 시간을 갖게 되는데, 이때 원해서 쓴 돈이 필요해서 쓴 돈보다 많다면 자제하는 법을 기르도록 지도하는 것이 좋겠습니다. 아이가 어떤 환경에서 충동적으로 돈을 쓰고 있는지 확인하는 기회도 될 거예요.

매일 받은 돈에서 쓴 돈을 뺀 금액을 남은 돈에 작성하고, 이 남은 돈은 또 다음날의 '남은 용돈' 칸에 작성하게끔 지도합니다. 용돈 다이어리 예시를 본책 62쪽에 친절히 설명해두었기 때문에 우선 함께 예시 표를 살피면서 작성 방법을 함께 익혀놓으면 좋겠습니다.

● 꿈을 위한 씨앗돈은 표 자체를 파란색으로 구분했습니다. 씨앗돈은 아이가 성인이 되었을 때 든든한 종잣돈으로 사용하는 말 그대로 '씨앗'이기 때문에 사용하는 돈이 아니에요. 무조건 저축하도록 해주세요. 크게 저축한 돈과 특별 용돈, 두 항목으로 나누었습니다. 저축한 돈은 매주 월요일 받는 정기 용돈의 3분의 1입니다. 2천 원을 무조건 저축하고 시작하도록 해야 해요. 우리도 월급을 받자마자 저축을 해야 돈이 모이는 것처럼, 아이가 저축 습관을 기르도록 하기 위함입니다. 특별 용돈은 친척이나 주변 어른들이 주는 비정기적인 용돈을 의미합니다. 보통 아이가 한 번에 버는 노력 용돈보다 훨씬 많은 돈이 특별 용돈으로 주어지기 때문에 이 돈이 섞이면 자칫 아이는 자기가 받는 정기 용돈이나 노력 용돈이 너무 적다고 느끼거나 굳이 먹고 싶은 과자를 참고 돈을 모을 필요가 없다고 생각할지도 몰라요. 그래서 아예 이 돈은 바로 통장에 입금해주는 것이 좋습니다.

● 월요일부터 일요일 저녁까지 아이가 자신의 용돈 다이어리를 모두 작성하고 나면, 한 주의 마지막에 각각 항목의 합계를 내도록 구성했습니다. 일주일 동안 총 얼마를 벌었고, 얼마를 썼으며, 얼마가 남고, 얼마를 저축했는지 볼 수 있어요. 이 내용을 가지고 아이와 함께 평가를 내리

고 자신의 생각과 반성을 담아 기록하는 시간을 갖습니다.

용돈 다이어리는 제가 초등 교사로서 아이들을 가르치면서 직접 큰 효과를 본 프로젝트입니다. 그리고 실제로 용돈 다이어리를 원하는 친구들이 많아서 책으로 내게 되었어요. 이제 문방구에서 용돈 기입장을 구입하는 대신, 아이들의 돈 생각을 읽을 수 있는 용돈 다이어리를 만들어주세요.

 용돈 다이어리 작성 내용 미리 들여다보기

초등학교 5학년의 담임을 맡으면서, 용돈을 받는 아이들이 채 반도 되지 않는다는 사실이 놀라웠습니다. 현금을 사용하지 않는 분위기도 있지만, 아이가 따로 용돈을 갖고 다니지 않아도 될 만큼 부모님들이 알아서 해주기 때문이기도 합니다. 용돈을 주지 않는 가정에서는 아이가 돈을 쓸 시간과 장소가 없는데 꾸준히 용돈을 챙겨주기가 쉽지 않다, 또는 교육적으로 실효성이 있는지 의구심이 든다는 이유를 들었습니다.

그러나 5학년 중 20퍼센트 정도의 아이들은 이미 주식 투자를 하고 있었습니다. 자기가 좋아하는 기업의 주식을 사기 위해 용돈을 모아서 부모님과 함께 투자하는 아이들도 꽤 많았어요. 이 아이들의 출발선은 다릅니다. 한 달에 자기가 쓰고 먹고 사는 돈이 얼마인지 전혀 모르는 아이와 자신의 용돈을 운용하며 미래 계획을 세우는 아이들의 돈에 대한 개념은 매우 다르거든요. 많은 아이들이 생각보다 빠르게 경제활동을 경험하고 있습니다. 내 아이도 늦지 않게 용돈 다이어리를 쓸 기회를 주세요. 용돈 다이어리는 선행학습의 개념이 아니라, 경제활동을 하는 건강한 주체로 자라기 위한 기본적인 훈련입니다.

아마도 이제 용돈 다이어리를 쓰기 시작하는 내 아이가 과연 어디에 돈을 많이 쓸까 궁금하실 텐데요. 5학년 아이가 용돈을 가장 많이 사용하는 곳은 편의점이더라고요. 음료수나 젤리, 과자, 아이스크림을 사는 데 많이 씁니다. 필요해서 쓰는 돈에는 관심 있는 분야의 교재를 사고 강의를 수강하는 아이들이 꽤 돼요. 내 아이가 경제를 어느 정도 이해를 하고 있는지를 확인하고 어떤 일에 흥미를 느끼고 있는지도 엿볼 수 있으니 시작하지 않을 이유가 없겠죠?

점검과 반성

유대인들은 어려서부터 돈에 대해 긍정적인 관점을 가지고 돈의 노예가 되지 않도록 가르친다고 합니다. "어린 자녀에게 장사를 가르치지 않는 것은 자녀를 도둑으로 키우는 것"이라는 격언이 있을 정도로요. 어려서부터 시간과 숫자에 민감하도록 가르치고, 타당한 이유 없이 용돈을 주지 않는다고 합니다. 특히 아이가 작성한 용돈 기입장을 함께 점검하면서 아이와 의견을 나눈다고 해요. 용돈 기입장을 통해 아이의 소비 계획과 지출이 타당한지 점검하는 것입니다.

전 세계에서 유대인의 교육 방식을 배우고 싶어 합니다. 그중에서도 하브루타(짝을 지어 서로 질문하고 논쟁하는 학습법)는 가장 각광받는 학습법입니다. 이렇게 배우는 내용 중에 경제생활이 매우 크다고 합니다. 용돈을 받아 사용한 것을 기입하는 데 그치지 않고, 부모와 끊임없이 돈에 대한 질문과 논쟁을 나누면서 어렸을 때부터 경제생활을 배우는 것입니다.

예를 들어 용돈 다이어리를 쓴 내 아이가 군것질을 하는 데만 일주일에 만 원을 썼다고 가정을 해볼게요. "만약 이 습관이 고쳐지지 않으면 한 달에 과자에만 4만 원을 쓸 수 있어. 4만 원이면 네가 갖고 싶었던 신발을 살 수 있었을 텐데. 4만 원짜리 신발은 비싸 보이지만 1천 원짜리 과자는 마음껏 사 먹다보니 그게 모여서 4만 원이나 됐구나.", "과자가 몸에 좋지 않으니 반으로 줄이는 노력을 해볼까? 두 번 먹고 싶으면 한 번만 먹는 식으로 말이야." 이런 식으로 깨달음을 얻도록 질문하고 답을 하는 과정을 거치면 되는 것입니다.

04 아이와 함께 준비하기

 건강한 경제인이 되기 위해 다짐하기

　돈이 있어야 의식주를 안전하게 영위할 수 있습니다. 아이 교육비, 부모님의 병원비, 우리의 꿈을 실현하기 위한 투자도 돈이 있어야 할 수 있습니다. 재능 기부도, 나눔도 경제적 여유가 있으면 실천하기 쉬워집니다.

　문제는 그 돈을 '어떻게 모으고, 쓰는가?' 하는 것이지요. 부자들에게는 노블레스 오블리주를 요구하면서, 정작 우리는 돈을 함부로 사용하고 있지는 않은지 살펴볼 필요가 있습니다. 집에 뜯지도 않은 택배 상자가 쌓여 있지는 않은지, 쟁여놓은 생필품으로 베란다에 발 디딜 틈조차 없는지, 옷장에 옷이 넘쳐나고, 사놓고 다 먹지도 못 하고 버리는 음식물은 없는지 찾아보는 거예요.

　어른인 우리부터 건강한 경제인이 되어야 합니다. 더 많이 벌면 그때 제대로 시작하겠다고 생각하지 말고, 지금 바로 실천하겠다는 다짐이 필요할 때입니다. 아이들은 부모님을 보고 배우니까요. 더 늦기 전에 건강한 경제인의 모습을 아이들에게 보여주었으면 좋겠습니다.

건강한 경제인이 되기 위한 다짐 10가지

1. 나는 불필요한 물건을 사거나 쟁여 놓지 않겠습니다.
2. 나는 사교육에 쓰일 돈을 효율적으로 사용하며, 투자를 위한 종잣돈을 열심히 모으겠습니다.
3. 나부터 건강한 경제생활을 실천하겠습니다.
4. 가족의 미래를 위해 경제를 공부하겠습니다.
5. 부자와 돈에 대한 부정적인 선입견을 버리도록 노력하겠습니다.
6. 나의 가치와 생산성을 높이기 위해 배움을 멈추지 않겠습니다.
7. 주변의 말에 휘둘리기보다 꾸준히 공부하여 나만의 투자 철학을 만들겠습니다.
8. 내가 가진 것을 나눔으로써 더 큰 부를 창출하겠습니다.
9. 모을 줄도 알지만 쓸 때는 쓸 줄 아는 사람이 되겠습니다.
10. 돈과 사람을 모두 얻을 수 있는 경제인이 되겠습니다.

 아이와 함께 만들어가는 돈의 역사책

용돈 다이어리를 장기 프로젝트로 실시하였더니 아이들뿐만 아니라 학부모님들도 느낀 점이 많았다고 말했어요.

학생들은 우선 용돈을 꾸준히 받게 된 것, 그리고 용돈을 어디에 사용하고 있는지를 알게 된 것이 가장 큰 수확이라고 하더군요. 평소 저축 말고는 용돈을 사용한 적 없던 친구는 자신에게 적절한 소비가 무엇인지 고민했다고 해요. 친구와 함께 간식을 사 먹는 소중한 경험도 했다고 합니다. 어떤 친구는 매번 컵라면을 사 먹었는데, 친구들과 비교해보니 자신이 너무 많이 사 먹는다는 사실을 깨달았다고 해요. 벌써 주식 투자와 기부를 하는 친구들은 부러움과 배움의 대상이 되기도 합니다.

부모님들도 만족감이 컸습니다. 용돈 교육을 계속하겠다는 의지를 밝힌 부모님도 있었고, 가정에서만 교육하기가 쉽지 않은데 학교와 연계해서 아이에게 경제 교육을 하는 좋은 기회를 만났다며 기뻐하는 부모님도 있었습니다. 또 균형 잡힌 저축과 소비를 할 수 있게 되었고, 1회성으로 그치지 않는 장기 프로젝트로 이어져서 좋았다는 소감도 많았습니다.

용돈 다이어리는 돈으로 만들어진 역사입니다. 용돈을 준 할머니, 할아버지의 사랑, 아이의 생일을 기억해준 이모와 삼촌의 사랑도 느낄 수 있지요. 아이들은 훗날 용돈 다이어리를 다시 열어보면서 얼마나 자신이 사랑받았는지 깨닫게 될 것입니다.

아이들의 출발선을 비슷하게 해주고 싶다는 마음으로 시작한 만큼, 아이들과 학부모님들이 용돈 다이어리를 공유할 수 있도록 네이버 카페 〈초등생활 디자이너〉에 공간을 마련해두겠습니다. 한 아이를 키우려면 온 마을이 필요한 것처럼, 서로 정보를 공유하며 우리 아이들을 멋진 경제인으로 키워냈으면 좋겠습니다.

돈의 가치는 사용하는 사람의 태도가 결정합니다. 아이들이 건강하고 따스한 돈을 사용할 수 있도록 어른들이 먼저 마음을 모아주세요.

5학년이 어렵지 않게 읽을 수 있는 경제도서

제목	지은이	출판사
열두 살에 부자가 된 키라 시리즈	보도 섀퍼	을파소
세금 내는 아이들	옥효진	한국경제신문사
나도 세금 내는 아이가 될래요	옥효진	청림 Life
10만 원이 10억 되는 재밌는 돈 공부	제임스 맥케나 외 2인	리틀에이
경제는 어렵지만 부자가 되고 싶어	월터 안달	윌북
용돈 받는 부자들	월터 안달	윌북
돈이 자라는 나무	박정현	한겨레아이들
오늘은 용돈 받는 날	연유진	풀빛
초등학생을 위한 똑똑한 돈 설명서	라슈미 시르데슈판드	솔빛길
열두 살 주식왕	전지은	길벗
장난감 말고 주식 사 주세요	소이언	우리학교
1+1이 공짜가 아니라고?	이정주	개암나무
출동! 머니 뭐니 클럽	신현수	아르볼
경제를 알면 세상이 보여	제자벨 쿠페 수베랑	미세기
워런 버핏의 백만장자 비밀클럽	앤디 헤이워드, 에이미 헤이워드	아이휴먼
브리태니커 만화 백과: 돈과 재테크	봄봄스토리	미래엔아이세움
아기돼지 삼형제가 경제를 알았다면	박원배	스푼북
용돈 관리의 기술	김은의	위즈덤하우스
세계가 만일 100명의 마을이라면 -부자편-	이케다 가요코	국일미디어
어린이 첫 투자 수업	다일린 레들링, 앨리슨 톰	주니어김영사

더 알고 싶은 5학년에게 추천하는 경제도서

책 제목	지은이	출판사
거상 김만덕	민병덕	살림어린이
간송 전형필	이충렬	김영사
아이를 위한, 돈이란 무엇인가	이즈미 미치코	길벗
시장과 가격 쫌 아는 10대	석혜원	풀빛
부동산 쫌 아는 10대	오승현	풀빛
공유경제 쫌 아는 10대	석혜원	풀빛
국제거래와 환율 쫌 아는 10대	석혜원	풀빛
돈과 금융 쫌 아는 10대	석혜원	풀빛
탈성장 쫌 아는 10대	하승우	풀빛
최저임금 쫌 아는 10대	하승우	풀빛
대한민국 경제의 역사	석혜원	아이앤북
사회 선생님이 들려주는 공정무역 이야기	전국사회교사모임	살림출판사
세상에 대하여 우리가 더 잘 알아야 할 교양 48 인플레이션, 양적 완화가 우리를 구원할까?	박재열	내인생의책
세상에 대하여 우리가 더 잘 알아야 할 교양 59 윤리적 소비, 윤리적 소비와 합리적 소비, 우리의 선택은?	위문숙	내인생의책
세상에 대하여 우리가 더 잘 알아야 할 교양 69 인구와 경제, 인구가 많아야 경제에 좋을까?	정민규	내인생의책
모두 함께 잘 산다는 것	김익록 외 7인	맘에드림
10대를 위한 경제학 수첩	이완배	아르볼
청소년을 위한 행동경제학 에세이	한진수	해냄
미니멀 경제학 : 금융 설계와 경제 습관 편	한진수	중앙북스
경제 속에 숨은 광고 이야기	프랑크 코쉠바	초록개구리

MEMO

MEMO

MEMO

_____일	_____일	_____일
금요일	토요일	일요일

이번 주에 나는

남은 용돈 _____ 원과
정기 용돈 _____ 원을 받고
노력 용돈 _____ 원을 벌었어요.

필요해서 쓴 돈은 _____ 원이고,
원해서 쓴 돈은 _____ 원이에요.

필요해서 쓴 돈보다 원해서 쓴 돈이
많아요.   적어요.   같아요.

남은 돈은 _____ 원입니다.

이번 주에는 씨앗 돈을
_____ 원 모았습니다.

이번 주에 사용한 용돈을 평가해볼까요?

🙂 나

아주 잘했어!   보통!   좀 더 노력하자!

한 줄 반성과 다짐

🙂 부모님

아주 잘했어!   보통!   좀 더 노력하자!

한 줄 조언

_____의 용돈 다이어리

		_____월	_____일 월요일	_____일 화요일	_____일 수요일	_____일 목요일
받은 돈	남은 용돈					
	정기 용돈					
	노력 용돈					
쓴 돈	필요해서 쓴 돈					
	원해서 쓴 돈					
남은 돈 받은 돈 + 쓴 돈						
저축한 돈						
특별 용돈						
꿈을 위한 씨앗돈						

이번 주 용돈을 받고 쓰면서 가장 기억에 남는 일은 뭐가 있었나요?

이번 주에 읽은 경제 책의 제목과 내용을 적어볼까요?

_____일	_____일	_____일
금요일	토요일	일요일

이번 주에 나는

남은 용돈 _____ 원과
정기 용돈 _____ 원을 받고
노력 용돈 _____ 원을 벌었어요.

필요해서 쓴 돈은 _____ 원이고,
원해서 쓴 돈은 _____ 원이에요.

필요해서 쓴 돈보다 원해서 쓴 돈이
많아요.   적어요.   같아요.

남은 돈은 _____ 원입니다.

이번 주에는 씨앗 돈을
_____ 원 모았습니다.

이번 주에 사용한 용돈을 평가해볼까요?

🙂 나
아주 잘했어!   보통!   좀 더 노력하자!

한 줄 반성과 다짐

👩 부모님
아주 잘했어!   보통!   좀 더 노력하자!

한 줄 조언

_____의 용돈 다이어리

_____월

		_____일 월요일	_____일 화요일	_____일 수요일	_____일 목요일
받은 돈	남은 용돈				
	정기 용돈				
	노력 용돈				
쓴 돈	필요해서 쓴 돈				
	원해서 쓴 돈				
남은 돈 받은 돈 + 쓴 돈					
저축한 돈					
특별 용돈					
꿈을 위한 씨앗돈					

이번 주 용돈을 받고 쓰면서 가장 기억에 남는 일은 뭐가 있었나요?

이번 주에 읽은 경제 책의 제목과 내용을 적어볼까요?

_____일	_____일	_____일
금요일	토요일	일요일

이번 주에 나는

남은 용돈 _____ 원과
정기 용돈 _____ 원을 받고
노력 용돈 _____ 원을 벌었어요.

필요해서 쓴 돈은 _____ 원이고,
원해서 쓴 돈은 _____ 원이에요.

필요해서 쓴 돈보다 원해서 쓴 돈이
많아요.   적어요.   같아요.

남은 돈은 _____ 원입니다.

이번 주에는 씨앗 돈을
_____ 원 모았습니다.

이번 주에 사용한 용돈을 평가해볼까요?

👧 나

아주 잘했어!   보통!   좀 더 노력하자!

한 줄 반성과 다짐

👩 부모님

아주 잘했어!   보통!   좀 더 노력하자!

한 줄 조언

_____ 의 용돈 다이어리

____월

		_____일 월요일	_____일 화요일	_____일 수요일	_____일 목요일
받은 돈	남은 용돈				
	정기 용돈				
	노력 용돈				
쓴 돈	필요해서 쓴 돈				
	원해서 쓴 돈				
남은 돈 받은 돈 + 쓴 돈					
저축한 돈					
특별 용돈					
꿈을 위한 씨앗돈					

이번 주 용돈을 받고 쓰면서 가장 기억에 남는 일은 뭐가 있었나요?

이번 주에 읽은 경제 책의 제목과 내용을 적어볼까요?

____일	____일	____일
금요일	토요일	일요일

이번 주에 나는

남은 용돈 _____ 원과
정기 용돈 _____ 원을 받고
노력 용돈 _____ 원을 벌었어요.

필요해서 쓴 돈은 _____ 원이고,
원해서 쓴 돈은 _____ 원이에요.

필요해서 쓴 돈보다 원해서 쓴 돈이
많아요.   적어요.   같아요.

남은 돈은 _____ 원입니다.

이번 주에는 씨앗 돈을
_____ 원 모았습니다.

이번 주에 사용한 용돈을 평가해볼까요?

🙂 나
아주 잘했어!   보통!   좀 더 노력하자!

한 줄 반성과 다짐

🙂 부모님
아주 잘했어!   보통!   좀 더 노력하자!

한 줄 조언

_____ 의 용돈 다이어리

_____ 월

		_____ 일 월요일	_____ 일 화요일	_____ 일 수요일	_____ 일 목요일
받은 돈	남은 용돈				
	정기 용돈				
	노력 용돈				
쓴 돈	필요해서 쓴 돈				
	원해서 쓴 돈				
남은 돈 받은 돈 + 쓴 돈					
저축한 돈					
특별 용돈					
꿈을 위한 씨앗돈					

이번 주 용돈을 받고 쓰면서 가장 기억에 남는 일은 뭐가 있었나요?

이번 주에 읽은 경제 책의 제목과 내용을 적어볼까요?

_____일 금요일	_____일 토요일	_____일 일요일

이번 주에 나는

남은 용돈 _____ 원과

정기 용돈 _____ 원을 받고

노력 용돈 _____ 원을 벌었어요.

필요해서 쓴 돈은 _____ 원이고,

원해서 쓴 돈은 _____ 원이에요.

필요해서 쓴 돈보다 원해서 쓴 돈이

많아요. 적어요. 같아요.

남은 돈은 _____ 원입니다.

이번 주에는 씨앗 돈을

_____ 원 모았습니다.

이번 주에 사용한 용돈을 평가해볼까요?

나
아주 잘했어!   보통!   좀 더 노력하자!

한 줄 반성과 다짐

부모님
아주 잘했어!   보통!   좀 더 노력하자!

한 줄 조언

_____ 의 용돈 다이어리

_____월

		_____일 월요일	_____일 화요일	_____일 수요일	_____일 목요일
받은 돈	남은 용돈				
	정기 용돈				
	노력 용돈				
쓴 돈	필요해서 쓴 돈				
	원해서 쓴 돈				
남은 돈 받은 돈 + 쓴 돈					
저축한 돈					
특별 용돈					
꿈을 위한 씨앗돈					

이번 주 용돈을 받고 쓰면서 가장 기억에 남는 일은 뭐가 있었나요?

이번 주에 읽은 경제 책의 제목과 내용을 적어볼까요?

| _____일 | _____일 | _____일 |
금요일	토요일	일요일

이번 주에 나는

남은 용돈 _____ 원과
정기 용돈 _____ 원을 받고
노력 용돈 _____ 원을 벌었어요.

필요해서 쓴 돈은 _____ 원이고,
원해서 쓴 돈은 _____ 원이에요.

필요해서 쓴 돈보다 원해서 쓴 돈이
많아요. 적어요. 같아요.

남은 돈은 _____ 원입니다.

이번 주에는 씨앗 돈을
_____ 원 모았습니다.

이번 주에 사용한 용돈을 평가해볼까요?

나
아주 잘했어!   보통!   좀 더 노력하자!

한 줄 반성과 다짐

부모님
아주 잘했어!   보통!   좀 더 노력하자!

한 줄 조언

_____의 용돈 다이어리

_____월

		_____일	_____일	_____일	_____일
		월요일	화요일	수요일	목요일
받은 돈	남은 용돈				
	정기 용돈				
	노력 용돈				
쓴 돈	필요해서 쓴 돈				
	원해서 쓴 돈				
남은 돈 받은 돈 + 쓴 돈					
저축한 돈					
특별 용돈					
꿈을 위한 씨앗돈					

이번 주 용돈을 받고 쓰면서 가장 기억에 남는 일은 뭐가 있었나요?

이번 주에 읽은 경제 책의 제목과 내용을 적어볼까요?

_____ 일	_____ 일	_____ 일
금요일	토요일	일요일

이번 주에 나는

남은 용돈 _____ 원과

정기 용돈 _____ 원을 받고

노력 용돈 _____ 원을 벌었어요.

필요해서 쓴 돈은 _____ 원이고,

원해서 쓴 돈은 _____ 원이에요.

필요해서 쓴 돈보다 원해서 쓴 돈이

많아요.   적어요.   같아요.

남은 돈은 _____ 원입니다.

이번 주에는 씨앗 돈을

_____ 원 모았습니다.

이번 주에 사용한 용돈을 평가해볼까요?

🧒 나

아주 잘했어!   보통!   좀 더 노력하자!

한 줄 반성과 다짐

👩 부모님

아주 잘했어!   보통!   좀 더 노력하자!

한 줄 조언

_____의 용돈 다이어리

		_____일 월요일	_____일 화요일	_____일 수요일	_____일 목요일
_____월					
받은 돈	남은 용돈				
	정기 용돈				
	노력 용돈				
쓴 돈	필요해서 쓴 돈				
	원해서 쓴 돈				
남은 돈 받은 돈 + 쓴 돈					
저축한 돈					
특별 용돈					
꿈을 위한 씨앗돈					

이번 주 용돈을 받고 쓰면서 가장 기억에 남는 일은 뭐가 있었나요?

이번 주에 읽은 경제 책의 제목과 내용을 적어볼까요?

_____ 일	_____ 일	_____ 일
금요일	토요일	일요일

이번 주에 나는

남은 용돈 _____ 원과
정기 용돈 _____ 원을 받고
노력 용돈 _____ 원을 벌었어요.

필요해서 쓴 돈은 _____ 원이고,
원해서 쓴 돈은 _____ 원이에요.

필요해서 쓴 돈보다 원해서 쓴 돈이
많아요.   적어요.   같아요.

남은 돈은 _____ 원입니다.

이번 주에는 씨앗 돈을
_____ 원 모았습니다.

이번 주에 사용한 용돈을 평가해볼까요?

🙂 나
아주 잘했어!   보통!   좀 더 노력하자!

한 줄 반성과 다짐

👩 부모님
아주 잘했어!   보통!   좀 더 노력하자!

한 줄 조언

_____의 용돈 다이어리

___월

		___일 월요일	___일 화요일	___일 수요일	___일 목요일
받은 돈	남은 용돈				
	정기 용돈				
	노력 용돈				
쓴 돈	필요해서 쓴 돈				
	원해서 쓴 돈				
남은 돈 받은 돈 + 쓴 돈					
저축한 돈					
특별 용돈					
꿈을 위한 씨앗돈					

이번 주 용돈을 받고 쓰면서 가장 기억에 남는 일은 뭐가 있었나요?

이번 주에 읽은 경제 책의 제목과 내용을 적어볼까요?

_____일	_____일	_____일
금요일	토요일	일요일

이번 주에 나는

남은 용돈 _____ 원과
정기 용돈 _____ 원을 받고
노력 용돈 _____ 원을 벌었어요.

필요해서 쓴 돈은 _____ 원이고,
원해서 쓴 돈은 _____ 원이에요.

필요해서 쓴 돈보다 원해서 쓴 돈이
많아요.   적어요.   같아요.

남은 돈은 _____ 원입니다.

이번 주에는 씨앗 돈을
_____ 원 모았습니다.

이번 주에 사용한 용돈을 평가해볼까요?

나
아주 잘했어!   보통!   좀 더 노력하자!
한 줄 반성과 다짐

부모님
아주 잘했어!   보통!   좀 더 노력하자!
한 줄 조언

_____의 용돈 다이어리

○____월

		____일 월요일	____일 화요일	____일 수요일	____일 목요일
받은 돈	남은 용돈				
	정기 용돈				
	노력 용돈				
쓴 돈	필요해서 쓴 돈				
	원해서 쓴 돈				
남은 돈 받은 돈 + 쓴 돈					
저축한 돈					
특별 용돈					
꿈을 위한 씨앗돈					

이번 주 용돈을 받고 쓰면서 가장 기억에 남는 일은 뭐가 있었나요?

이번 주에 읽은 경제 책의 제목과 내용을 적어볼까요?

| _____일 | _____일 | _____일 |
금요일	토요일	일요일

이번 주에 나는

남은 용돈 _____ 원과
정기 용돈 _____ 원을 받고
노력 용돈 _____ 원을 벌었어요.

필요해서 쓴 돈은 _____ 원이고,
원해서 쓴 돈은 _____ 원이에요.

필요해서 쓴 돈보다 원해서 쓴 돈이
많아요.   적어요.   같아요.

남은 돈은 _____ 원입니다.

이번 주에는 씨앗 돈을
_____ 원 모았습니다.

이번 주에 사용한 용돈을 평가해볼까요?

🙂 나

아주 잘했어!   보통!   좀 더 노력하자!

한 줄 반성과 다짐

🙂 부모님

아주 잘했어!   보통!   좀 더 노력하자!

한 줄 조언

_____의 용돈 다이어리

_____월

		___일 월요일	___일 화요일	___일 수요일	___일 목요일
받은 돈	남은 용돈				
	정기 용돈				
	노력 용돈				
쓴 돈	필요해서 쓴 돈				
	원해서 쓴 돈				
남은 돈 받은 돈 + 쓴 돈					
저축한 돈					
특별 용돈					
꿈을 위한 씨앗돈					

이번 주 용돈을 받고 쓰면서 가장 기억에 남는 일은 뭐가 있었나요?

이번 주에 읽은 경제 책의 제목과 내용을 적어볼까요?

| _____ 일 | _____ 일 | _____ 일 |
금요일	토요일	일요일

이번 주에 나는

남은 용돈 _____ 원과
정기 용돈 _____ 원을 받고
노력 용돈 _____ 원을 벌었어요.

필요해서 쓴 돈은 _____ 원이고,
원해서 쓴 돈은 _____ 원이에요.

필요해서 쓴 돈보다 원해서 쓴 돈이

많아요.   적어요.   같아요.

남은 돈은 _____ 원입니다.

이번 주에는 씨앗 돈을
_____ 원 모았습니다.

이번 주에 사용한 용돈을 평가해볼까요?

🧒 나

아주 잘했어!   보통!   좀 더 노력하자!

한 줄 반성과 다짐

👩 부모님

아주 잘했어!   보통!   좀 더 노력하자!

한 줄 조언

_____ 의 용돈 다이어리

_____ 월

		_____일 월요일	_____일 화요일	_____일 수요일	_____일 목요일
받은 돈	남은 용돈				
	정기 용돈				
	노력 용돈				
쓴 돈	필요해서 쓴 돈				
	원해서 쓴 돈				
남은 돈 받은 돈 + 쓴 돈					
저축한 돈					
특별 용돈					
꿈을 위한 씨앗돈					

이번 주 용돈을 받고 쓰면서 가장 기억에 남는 일은 뭐가 있었나요?

이번 주에 읽은 경제 책의 제목과 내용을 적어볼까요?

___일	___일	___일
금요일	토요일	일요일

이번 주에 나는

남은 용돈 _____ 원과

정기 용돈 _____ 원을 받고

노력 용돈 _____ 원을 벌었어요.

필요해서 쓴 돈은 _____ 원이고,

원해서 쓴 돈은 _____ 원이에요.

필요해서 쓴 돈보다 원해서 쓴 돈이

많아요.   적어요.   같아요.

남은 돈은 _____ 원입니다.

이번 주에는 씨앗 돈을

_____ 원 모았습니다.

이번 주에 사용한 용돈을 평가해볼까요?

나

아주 잘했어!   보통!   좀 더 노력하자!

한 줄 반성과 다짐

부모님

아주 잘했어!   보통!   좀 더 노력하자!

한 줄 조언

_____의 용돈 다이어리

____월		____일 월요일	____일 화요일	____일 수요일	____일 목요일
받은 돈	남은 용돈				
	정기 용돈				
	노력 용돈				
쓴 돈	필요해서 쓴 돈				
	원해서 쓴 돈				
남은 돈 받은 돈 + 쓴 돈					
저축한 돈					
특별 용돈					
꿈을 위한 씨앗돈					

이번 주 용돈을 받고 쓰면서 가장 기억에 남는 일은 뭐가 있었나요?

이번 주에 읽은 경제 책의 제목과 내용을 적어볼까요?

_____일	_____일	_____일
금요일	토요일	일요일

이번 주에 나는

남은 용돈 _____ 원과

정기 용돈 _____ 원을 받고

노력 용돈 _____ 원을 벌었어요.

필요해서 쓴 돈은 _____ 원이고,

원해서 쓴 돈은 _____ 원이에요.

필요해서 쓴 돈보다 원해서 쓴 돈이

많아요.   적어요.   같아요.

남은 돈은 _____ 원입니다.

이번 주에는 씨앗 돈을

_____ 원 모았습니다.

이번 주에 사용한 용돈을 평가해볼까요?

🙂 나

아주 잘했어!   보통!   좀 더 노력하자!

한 줄 반성과 다짐

🙂 부모님

아주 잘했어!   보통!   좀 더 노력하자!

한 줄 조언

_____의 용돈 다이어리

○____월

		____일 월요일	____일 화요일	____일 수요일	____일 목요일
받은 돈	남은 용돈				
	정기 용돈				
	노력 용돈				
쓴 돈	필요해서 쓴 돈				
	원해서 쓴 돈				
남은 돈 받은 돈 + 쓴 돈					
저축한 돈					
특별 용돈					
꿈을 위한 씨앗돈					

이번 주 용돈을 받고 쓰면서 가장 기억에 남는 일은 뭐가 있었나요?

이번 주에 읽은 경제 책의 제목과 내용을 적어볼까요?

_____ 일	_____ 일	_____ 일
금요일	토요일	일요일

이번 주에 나는

남은 용돈 _____ 원과
정기 용돈 _____ 원을 받고
노력 용돈 _____ 원을 벌었어요.

필요해서 쓴 돈은 _____ 원이고,
원해서 쓴 돈은 _____ 원이에요.

필요해서 쓴 돈보다 원해서 쓴 돈이
많아요.   적어요.   같아요.

남은 돈은 _____ 원입니다.

이번 주에는 씨앗 돈을
_____ 원 모았습니다.

이번 주에 사용한 용돈을 평가해볼까요?

🙂 나
아주 잘했어!   보통!   좀 더 노력하자!

한 줄 반성과 다짐

🙂 부모님
아주 잘했어!   보통!   좀 더 노력하자!

한 줄 조언

_____의 용돈 다이어리

____월

		____일 월요일	____일 화요일	____일 수요일	____일 목요일
받은 돈	남은 용돈				
	정기 용돈				
	노력 용돈				
쓴 돈	필요해서 쓴 돈				
	원해서 쓴 돈				
남은 돈 받은 돈 + 쓴 돈					
저축한 돈					
특별 용돈					
꿈을 위한 씨앗돈					

이번 주 용돈을 받고 쓰면서 가장 기억에 남는 일은 뭐가 있었나요?

이번 주에 읽은 경제 책의 제목과 내용을 적어볼까요?

| _____일 | _____일 | _____일 |
금요일	토요일	일요일

이번 주에 나는

남은 용돈 _____ 원과
정기 용돈 _____ 원을 받고
노력 용돈 _____ 원을 벌었어요.

필요해서 쓴 돈은 _____ 원이고,
원해서 쓴 돈은 _____ 원이에요.

필요해서 쓴 돈보다 원해서 쓴 돈이
많아요.   적어요.   같아요.

남은 돈은 _____ 원입니다.

이번 주에는 씨앗 돈을
_____ 원 모았습니다.

이번 주에 사용한 용돈을 평가해볼까요?

🙍 나
아주 잘했어!   보통!   좀 더 노력하자!
한 줄 반성과 다짐

👵 부모님
아주 잘했어!   보통!   좀 더 노력하자!
한 줄 조언

_____의 용돈 다이어리

____월	____일 월요일	____일 화요일	____일 수요일	____일 목요일
받은 돈 남은 용돈				
정기 용돈				
노력 용돈				
쓴 돈 필요해서 쓴 돈				
원해서 쓴 돈				
남은 돈 받은 돈 + 쓴 돈				
저축한 돈				
특별 용돈				
꿈을 위한 씨앗돈				

이번 주 용돈을 받고 쓰면서 가장 기억에 남는 일은 뭐가 있었나요?

이번 주에 읽은 경제 책의 제목과 내용을 적어볼까요?

_____일	_____일	_____일
금요일	토요일	일요일

이번 주에 나는

남은 용돈 _____ 원과
정기 용돈 _____ 원을 받고
노력 용돈 _____ 원을 벌었어요.

필요해서 쓴 돈은 _____ 원이고,
원해서 쓴 돈은 _____ 원이에요.

필요해서 쓴 돈보다 원해서 쓴 돈이
많아요.   적어요.   같아요.

남은 돈은 _____ 원입니다.

이번 주에는 씨앗 돈을
_____ 원 모았습니다.

이번 주에 사용한 용돈을 평가해볼까요?

🙂 나

아주 잘했어!   보통!   좀 더 노력하자!

한 줄 반성과 다짐

👵 부모님

아주 잘했어!   보통!   좀 더 노력하자!

한 줄 조언

_____의 용돈 다이어리

_____ 월

		_____일 월요일	_____일 화요일	_____일 수요일	_____일 목요일
받은 돈	남은 용돈				
	정기 용돈				
	노력 용돈				
쓴 돈	필요해서 쓴 돈				
	원해서 쓴 돈				
남은 돈 받은 돈 + 쓴 돈					
저축한 돈					
특별 용돈					
꿈을 위한 씨앗돈					

이번 주 용돈을 받고 쓰면서 가장 기억에 남는 일은 뭐가 있었나요?

이번 주에 읽은 경제 책의 제목과 내용을 적어볼까요?

_____ 일	_____ 일	_____ 일
금요일	토요일	일요일

이번 주에 나는

남은 용돈 _____ 원과
정기 용돈 _____ 원을 받고
노력 용돈 _____ 원을 벌었어요.

필요해서 쓴 돈은 _____ 원이고,
원해서 쓴 돈은 _____ 원이에요.

필요해서 쓴 돈보다 원해서 쓴 돈이
많아요.   적어요.   같아요.

남은 돈은 _____ 원입니다.

이번 주에는 씨앗 돈을
_____ 원 모았습니다.

이번 주에 사용한 용돈을 평가해볼까요?

나
아주 잘했어!   보통!   좀 더 노력하자!
한 줄 반성과 다짐

부모님
아주 잘했어!   보통!   좀 더 노력하자!
한 줄 조언

_____ 의 용돈 다이어리

____월

		____일 월요일	____일 화요일	____일 수요일	____일 목요일
받은 돈	남은 용돈				
	정기 용돈				
	노력 용돈				
쓴 돈	필요해서 쓴 돈				
	원해서 쓴 돈				
남은 돈 받은 돈 + 쓴 돈					
저축한 돈					
특별 용돈					
꿈을 위한 씨앗돈					

이번 주 용돈을 받고 쓰면서 가장 기억에 남는 일은 뭐가 있었나요?

이번 주에 읽은 경제 책의 제목과 내용을 적어볼까요?

_____일	_____일	_____일
금요일	토요일	일요일

이번 주에 나는

남은 용돈 _____ 원과

정기 용돈 _____ 원을 받고

노력 용돈 _____ 원을 벌었어요.

필요해서 쓴 돈은 _____ 원이고,

원해서 쓴 돈은 _____ 원이에요.

필요해서 쓴 돈보다 원해서 쓴 돈이

많아요.   적어요.   같아요.

남은 돈은 _____ 원입니다.

이번 주에는 씨앗 돈을

_____ 원 모았습니다.

이번 주에 사용한 용돈을 평가해볼까요?

🙂 나

아주 잘했어!   보통!   좀 더 노력하자!

한 줄 반성과 다짐

🙂 부모님

아주 잘했어!   보통!   좀 더 노력하자!

한 줄 조언

_____ 의 용돈 다이어리

_____월

		____일 월요일	____일 화요일	____일 수요일	____일 목요일
받은 돈	남은 용돈				
	정기 용돈				
	노력 용돈				
쓴 돈	필요해서 쓴 돈				
	원해서 쓴 돈				
남은 돈 받은 돈 + 쓴 돈					
저축한 돈					
특별 용돈					
꿈을 위한 씨앗돈					

이번 주 용돈을 받고 쓰면서 가장 기억에 남는 일은 뭐가 있었나요?

이번 주에 읽은 경제 책의 제목과 내용을 적어볼까요?

_____일 금요일	_____일 토요일	_____일 일요일

이번 주에 나는

남은 용돈 _____ 원과
정기 용돈 _____ 원을 받고
노력 용돈 _____ 원을 벌었어요.

필요해서 쓴 돈은 _____ 원이고,
원해서 쓴 돈은 _____ 원이에요.

필요해서 쓴 돈보다 원해서 쓴 돈이

많아요.   적어요.   같아요.

남은 돈은 _____ 원입니다.

이번 주에는 씨앗 돈을
_____ 원 모았습니다.

이번 주에 사용한 용돈을 평가해볼까요?

🙂 나

아주 잘했어!   보통!   좀 더 노력하자!

한 줄 반성과 다짐

🙂 부모님

아주 잘했어!   보통!   좀 더 노력하자!

한 줄 조언

_____ 의 용돈 다이어리

___월

		_____일 월요일	_____일 화요일	_____일 수요일	_____일 목요일
받은 돈	남은 용돈				
	정기 용돈				
	노력 용돈				
쓴 돈	필요해서 쓴 돈				
	원해서 쓴 돈				
남은 돈 받은 돈 + 쓴 돈					
저축한 돈					
특별 용돈					
꿈을 위한 씨앗돈					

이번 주 용돈을 받고 쓰면서 가장 기억에 남는 일은 뭐가 있었나요?

이번 주에 읽은 경제 책의 제목과 내용을 적어볼까요?

_____일	_____일	_____일
금요일	토요일	일요일

이번 주에 나는

남은 용돈 _____ 원과
정기 용돈 _____ 원을 받고
노력 용돈 _____ 원을 벌었어요.

필요해서 쓴 돈은 _____ 원이고,
원해서 쓴 돈은 _____ 원이에요.

필요해서 쓴 돈보다 원해서 쓴 돈이
많아요.   적어요.   같아요.

남은 돈은 _____ 원입니다.

이번 주에는 씨앗 돈을
_____ 원 모았습니다.

이번 주에 사용한 용돈을 평가해볼까요?

🙂 나

아주 잘했어!   보통!   좀 더 노력하자!

한 줄 반성과 다짐

👩 부모님

아주 잘했어!   보통!   좀 더 노력하자!

한 줄 조언

_____ 의 용돈 다이어리

_____ 월

		____일 월요일	____일 화요일	____일 수요일	____일 목요일
받은 돈	남은 용돈				
	정기 용돈				
	노력 용돈				
쓴 돈	필요해서 쓴 돈				
	원해서 쓴 돈				
남은 돈 받은 돈 + 쓴 돈					
저축한 돈					
특별 용돈					
꿈을 위한 씨앗돈					

이번 주 용돈을 받고 쓰면서 가장 기억에 남는 일은 뭐가 있었나요?

이번 주에 읽은 경제 책의 제목과 내용을 적어볼까요?

_____ 일	_____ 일	_____ 일
금요일	토요일	일요일

이번 주에 나는

남은 용돈 _____ 원과
정기 용돈 _____ 원을 받고
노력 용돈 _____ 원을 벌었어요.

필요해서 쓴 돈은 _____ 원이고,
원해서 쓴 돈은 _____ 원이에요.

필요해서 쓴 돈보다 원해서 쓴 돈이
많아요.   적어요.   같아요.

남은 돈은 _____ 원입니다.

이번 주에는 씨앗 돈을
_____ 원 모았습니다.

이번 주에 사용한 용돈을 평가해볼까요?

나
아주 잘했어!   보통!   좀 더 노력하자!
한 줄 반성과 다짐

부모님
아주 잘했어!   보통!   좀 더 노력하자!
한 줄 조언

_____의 용돈 다이어리

____월

		____일 월요일	____일 화요일	____일 수요일	____일 목요일
받은 돈	남은 용돈				
	정기 용돈				
	노력 용돈				
쓴 돈	필요해서 쓴 돈				
	원해서 쓴 돈				
남은 돈 받은 돈 + 쓴 돈					
저축한 돈					
특별 용돈					
꿈을 위한 씨앗돈					

이번 주 용돈을 받고 쓰면서 가장 기억에 남는 일은 뭐가 있었나요?

이번 주에 읽은 경제 책의 제목과 내용을 적어볼까요?

| _____일 | _____일 | _____일 |
금요일	토요일	일요일

이번 주에 나는

남은 용돈 _____ 원과
정기 용돈 _____ 원을 받고
노력 용돈 _____ 원을 벌었어요.

필요해서 쓴 돈은 _____ 원이고,
원해서 쓴 돈은 _____ 원이에요.

필요해서 쓴 돈보다 원해서 쓴 돈이
많아요.　적어요.　같아요.

남은 돈은 _____ 원입니다.

이번 주에는 씨앗 돈을
_____ 원 모았습니다.

이번 주에 사용한 용돈을 평가해볼까요?

🙂 나
아주 잘했어!　　보통!　　좀 더 노력하자!
한 줄 반성과 다짐

👩 부모님
아주 잘했어!　　보통!　　좀 더 노력하자!
한 줄 조언

_____의 용돈 다이어리

(____월)

		_____일 월요일	_____일 화요일	_____일 수요일	_____일 목요일
받은 돈	남은 용돈				
	정기 용돈				
	노력 용돈				
쓴 돈	필요해서 쓴 돈				
	원해서 쓴 돈				
남은 돈 받은 돈 + 쓴 돈					
저축한 돈					
특별 용돈					
꿈을 위한 씨앗돈					

이번 주 용돈을 받고 쓰면서 가장 기억에 남는 일은 뭐가 있었나요?

이번 주에 읽은 경제 책의 제목과 내용을 적어볼까요?

_____ 일	_____ 일	_____ 일
금요일	토요일	일요일

이번 주에 나는

남은 용돈 _____ 원과
정기 용돈 _____ 원을 받고
노력 용돈 _____ 원을 벌었어요.

필요해서 쓴 돈은 _____ 원이고,
원해서 쓴 돈은 _____ 원이에요.

필요해서 쓴 돈보다 원해서 쓴 돈이
많아요.   적어요.   같아요.

남은 돈은 _____ 원입니다.

이번 주에는 씨앗 돈을
_____ 원 모았습니다.

이번 주에 사용한 용돈을 평가해볼까요?

🙂 나

아주 잘했어!   보통!   좀 더 노력하자!

한 줄 반성과 다짐

👩 부모님

아주 잘했어!   보통!   좀 더 노력하자!

한 줄 조언

_____ 의 용돈 다이어리

___월			___일 월요일	___일 화요일	___일 수요일	___일 목요일
받은 돈		남은 용돈				
		정기 용돈				
		노력 용돈				
쓴 돈		필요해서 쓴 돈				
		원해서 쓴 돈				
남은 돈 받은 돈 + 쓴 돈						
저축한 돈						
특별 용돈						
꿈을 위한 씨앗돈						

이번 주 용돈을 받고 쓰면서 가장 기억에 남는 일은 뭐가 있었나요?

이번 주에 읽은 경제 책의 제목과 내용을 적어볼까요?

____일	____일	____일
금요일	토요일	일요일

이번 주에 나는

남은 용돈 _____ 원과
정기 용돈 _____ 원을 받고
노력 용돈 _____ 원을 벌었어요.

필요해서 쓴 돈은 _____ 원이고,
원해서 쓴 돈은 _____ 원이에요.

필요해서 쓴 돈보다 원해서 쓴 돈이
많아요.　적어요.　같아요.

남은 돈은 _____ 원입니다.

이번 주에는 씨앗 돈을
_____ 원 모았습니다.

이번 주에 사용한 용돈을 평가해볼까요?

나
아주 잘했어!　　보통!　　좀 더 노력하자!
한 줄 반성과 다짐

부모님
아주 잘했어!　　보통!　　좀 더 노력하자!
한 줄 조언

_____의 용돈 다이어리

____월

		____일 월요일	____일 화요일	____일 수요일	____일 목요일
받은 돈	남은 용돈				
	정기 용돈				
	노력 용돈				
쓴 돈	필요해서 쓴 돈				
	원해서 쓴 돈				
남은 돈 받은 돈＋쓴 돈					
저축한 돈					
특별 용돈					
꿈을 위한 씨앗돈					

이번 주 용돈을 받고 쓰면서 가장 기억에 남는 일은 뭐가 있었나요?

이번 주에 읽은 경제 책의 제목과 내용을 적어볼까요?

____일	____일	____일
금요일	토요일	일요일

이번 주에 나는

남은 용돈 _____ 원과
정기 용돈 _____ 원을 받고
노력 용돈 _____ 원을 벌었어요.

필요해서 쓴 돈은 _____ 원이고,
원해서 쓴 돈은 _____ 원이에요.

필요해서 쓴 돈보다 원해서 쓴 돈이
많아요.   적어요.   같아요.

남은 돈은 _____ 원입니다.

이번 주에는 씨앗 돈을
_____ 원 모았습니다.

이번 주에 사용한 용돈을 평가해볼까요?

나
아주 잘했어!   보통!   좀 더 노력하자!
한 줄 반성과 다짐

부모님
아주 잘했어!   보통!   좀 더 노력하자!
한 줄 조언

_____의 용돈 다이어리

____월

		____일 월요일	____일 화요일	____일 수요일	____일 목요일
받은 돈	남은 용돈				
	정기 용돈				
	노력 용돈				
쓴 돈	필요해서 쓴 돈				
	원해서 쓴 돈				
남은 돈 받은 돈 + 쓴 돈					
저축한 돈					
특별 용돈					
꿈을 위한 씨앗돈					

이번 주 용돈을 받고 쓰면서 가장 기억에 남는 일은 뭐가 있었나요?

이번 주에 읽은 경제 책의 제목과 내용을 적어볼까요?

_____일 금요일	_____일 토요일	_____일 일요일

이번 주에 나는

남은 용돈 _____ 원과
정기 용돈 _____ 원을 받고
노력 용돈 _____ 원을 벌었어요.

필요해서 쓴 돈은 _____ 원이고,
원해서 쓴 돈은 _____ 원이에요.

필요해서 쓴 돈보다 원해서 쓴 돈이

많아요.   적어요.   같아요.

남은 돈은 _____ 원입니다.

이번 주에는 씨앗 돈을
_____ 원 모았습니다.

이번 주에 사용한 용돈을 평가해볼까요?

나
아주 잘했어!   보통!   좀 더 노력하자!
한 줄 반성과 다짐

부모님
아주 잘했어!   보통!   좀 더 노력하자!
한 줄 조언

_____의 용돈 다이어리

____월

		____일 월요일	____일 화요일	____일 수요일	____일 목요일
받은 돈	남은 용돈				
	정기 용돈				
	노력 용돈				
쓴 돈	필요해서 쓴 돈				
	원해서 쓴 돈				
남은 돈 받은 돈 + 쓴 돈					
저축한 돈					
특별 용돈					
꿈을 위한 씨앗돈					

이번 주 용돈을 받고 쓰면서 가장 기억에 남는 일은 뭐가 있었나요?

이번 주에 읽은 경제 책의 제목과 내용을 적어볼까요?

____일	____일	____일
금요일	토요일	일요일

이번 주에 나는

남은 용돈 _____ 원과

정기 용돈 _____ 원을 받고

노력 용돈 _____ 원을 벌었어요.

필요해서 쓴 돈은 _____ 원이고,

원해서 쓴 돈은 _____ 원이에요.

필요해서 쓴 돈보다 원해서 쓴 돈이

많아요.   적어요.   같아요.

남은 돈은 _____ 원입니다.

이번 주에는 씨앗 돈을

_____ 원 모았습니다.

이번 주에 사용한 용돈을 평가해볼까요?

🙍 나

아주 잘했어!   보통!   좀 더 노력하자!

한 줄 반성과 다짐

👩 부모님

아주 잘했어!   보통!   좀 더 노력하자!

한 줄 조언

_____의 용돈 다이어리

_____월

		_____일 월요일	_____일 화요일	_____일 수요일	_____일 목요일
받은 돈	남은 용돈				
	정기 용돈				
	노력 용돈				
쓴 돈	필요해서 쓴 돈				
	원해서 쓴 돈				
남은 돈 받은 돈 + 쓴 돈					
저축한 돈					
특별 용돈					
꿈을 위한 씨앗돈					

이번 주 용돈을 받고 쓰면서 가장 기억에 남는 일은 뭐가 있었나요?

이번 주에 읽은 경제 책의 제목과 내용을 적어볼까요?

_____일	_____일	_____일
금요일	토요일	일요일

이번 주에 나는

남은 용돈 _____ 원과

정기 용돈 _____ 원을 받고

노력 용돈 _____ 원을 벌었어요.

필요해서 쓴 돈은 _____ 원이고,

원해서 쓴 돈은 _____ 원이에요.

필요해서 쓴 돈보다 원해서 쓴 돈이

많아요.   적어요.   같아요.

남은 돈은 _____ 원입니다.

이번 주에는 씨앗 돈을

_____ 원 모았습니다.

이번 주에 사용한 용돈을 평가해볼까요?

나
아주 잘했어!   보통!   좀 더 노력하자!

한 줄 반성과 다짐

부모님
아주 잘했어!   보통!   좀 더 노력하자!

한 줄 조언

_____의 용돈 다이어리

_____월

		_____일 월요일	_____일 화요일	_____일 수요일	_____일 목요일
받은 돈	남은 용돈				
	정기 용돈				
	노력 용돈				
쓴 돈	필요해서 쓴 돈				
	원해서 쓴 돈				
남은 돈 받은 돈 + 쓴 돈					
저축한 돈					
특별 용돈					
꿈을 위한 씨앗돈					

이번 주 용돈을 받고 쓰면서 가장 기억에 남는 일은 뭐가 있었나요?

이번 주에 읽은 경제 책의 제목과 내용을 적어볼까요?

_____ 일	_____ 일	_____ 일
금요일	토요일	일요일

이번 주에 나는

남은 용돈 _____ 원과

정기 용돈 _____ 원을 받고

노력 용돈 _____ 원을 벌었어요.

필요해서 쓴 돈은 _____ 원이고,

원해서 쓴 돈은 _____ 원이에요.

필요해서 쓴 돈보다 원해서 쓴 돈이

많아요.   적어요.   같아요.

남은 돈은 _____ 원입니다.

이번 주에는 씨앗 돈을

_____ 원 모았습니다.

이번 주에 사용한 용돈을 평가해볼까요?

🧒 나

아주 잘했어!   보통!   좀 더 노력하자!

한 줄 반성과 다짐

👩 부모님

아주 잘했어!   보통!   좀 더 노력하자!

한 줄 조언

_____ 의 용돈 다이어리

____ 월

		____일 월요일	____일 화요일	____일 수요일	____일 목요일
받은 돈	남은 용돈				
	정기 용돈				
	노력 용돈				
쓴 돈	필요해서 쓴 돈				
	원해서 쓴 돈				
남은 돈 받은 돈 + 쓴 돈					
저축한 돈					
특별 용돈					
꿈을 위한 씨앗돈					

이번 주 용돈을 받고 쓰면서 가장 기억에 남는 일은 뭐가 있었나요?

이번 주에 읽은 경제 책의 제목과 내용을 적어볼까요?

_____일	_____일	_____일
금요일	토요일	일요일

이번 주에 나는

남은 용돈 _____ 원과
정기 용돈 _____ 원을 받고
노력 용돈 _____ 원을 벌었어요.

필요해서 쓴 돈은 _____ 원이고,
원해서 쓴 돈은 _____ 원이에요.

필요해서 쓴 돈보다 원해서 쓴 돈이
많아요.   적어요.   같아요.

남은 돈은 _____ 원입니다.

이번 주에는 씨앗 돈을
_____ 원 모았습니다.

이번 주에 사용한 용돈을 평가해볼까요?

🙂 나
아주 잘했어!   보통!   좀 더 노력하자!

한 줄 반성과 다짐

🙂 부모님
아주 잘했어!   보통!   좀 더 노력하자!

한 줄 조언

_____ 의 용돈 다이어리

_____월

		_____일 월요일	_____일 화요일	_____일 수요일	_____일 목요일
받은 돈	남은 용돈				
	정기 용돈				
	노력 용돈				
쓴 돈	필요해서 쓴 돈				
	원해서 쓴 돈				
남은 돈 받은 돈 + 쓴 돈					
저축한 돈					
특별 용돈					
꿈을 위한 씨앗돈					

이번 주 용돈을 받고 쓰면서 가장 기억에 남는 일은 뭐가 있었나요?

이번 주에 읽은 경제 책의 제목과 내용을 적어볼까요?

_____일	_____일	_____일
금요일	토요일	일요일

이번 주에 나는

남은 용돈 _____ 원과
정기 용돈 _____ 원을 받고
노력 용돈 _____ 원을 벌었어요.

필요해서 쓴 돈은 _____ 원이고,
원해서 쓴 돈은 _____ 원이에요.

필요해서 쓴 돈보다 원해서 쓴 돈이
많아요.   적어요.   같아요.

남은 돈은 _____ 원입니다.

이번 주에는 씨앗 돈을
_____ 원 모았습니다.

이번 주에 사용한 용돈을 평가해볼까요?

🙍 나
아주 잘했어!   보통!   좀 더 노력하자!

한 줄 반성과 다짐

👩 부모님
아주 잘했어!   보통!   좀 더 노력하자!

한 줄 조언

_____의 용돈 다이어리

__월

		___일 월요일	___일 화요일	___일 수요일	___일 목요일
받은 돈	남은 용돈				
	정기 용돈				
	노력 용돈				
쓴 돈	필요해서 쓴 돈				
	원해서 쓴 돈				
남은 돈 받은 돈 + 쓴 돈					
저축한 돈					
특별 용돈					
꿈을 위한 씨앗돈					

이번 주 용돈을 받고 쓰면서 가장 기억에 남는 일은 뭐가 있었나요?

이번 주에 읽은 경제 책의 제목과 내용을 적어볼까요?

_____ 일	_____ 일	_____ 일
금요일	토요일	일요일

이번 주에 나는

남은 용돈 _____ 원과
정기 용돈 _____ 원을 받고
노력 용돈 _____ 원을 벌었어요.

필요해서 쓴 돈은 _____ 원이고,
원해서 쓴 돈은 _____ 원이에요.

필요해서 쓴 돈보다 원해서 쓴 돈이
많아요.   적어요.   같아요.

남은 돈은 _____ 원입니다.

이번 주에는 씨앗 돈을
_____ 원 모았습니다.

이번 주에 사용한 용돈을 평가해볼까요?

나
아주 잘했어!   보통!   좀 더 노력하자!

한 줄 반성과 다짐

부모님
아주 잘했어!   보통!   좀 더 노력하자!

한 줄 조언

_____의 용돈 다이어리

___월

		_____일 월요일	_____일 화요일	_____일 수요일	_____일 목요일
받은 돈	남은 용돈				
	정기 용돈				
	노력 용돈				
쓴 돈	필요해서 쓴 돈				
	원해서 쓴 돈				
남은 돈 받은 돈 + 쓴 돈					
저축한 돈					
특별 용돈					
꿈을 위한 씨앗돈					

이번 주 용돈을 받고 쓰면서 가장 기억에 남는 일은 뭐가 있었나요?

이번 주에 읽은 경제 책의 제목과 내용을 적어볼까요?

_____ 일	_____ 일	_____ 일
금요일	토요일	일요일

이번 주에 나는

남은 용돈 _____ 원과
정기 용돈 _____ 원을 받고
노력 용돈 _____ 원을 벌었어요.

필요해서 쓴 돈은 _____ 원이고,
원해서 쓴 돈은 _____ 원이에요.

필요해서 쓴 돈보다 원해서 쓴 돈이
많아요.   적어요.   같아요.

남은 돈은 _____ 원입니다.

이번 주에는 씨앗 돈을
_____ 원 모았습니다.

이번 주에 사용한 용돈을 평가해볼까요?

나
아주 잘했어!   보통!   좀 더 노력하자!

한 줄 반성과 다짐

부모님
아주 잘했어!   보통!   좀 더 노력하자!

한 줄 조언

_____의 용돈 다이어리

____월

		____일 월요일	____일 화요일	____일 수요일	____일 목요일
받은 돈	남은 용돈				
	정기 용돈				
	노력 용돈				
쓴 돈	필요해서 쓴 돈				
	원해서 쓴 돈				
남은 돈 받은 돈 + 쓴 돈					
저축한 돈					
특별 용돈					
꿈을 위한 씨앗돈					

이번 주 용돈을 받고 쓰면서 가장 기억에 남는 일은 뭐가 있었나요?

이번 주에 읽은 경제 책의 제목과 내용을 적어볼까요?

_____ 일	_____ 일	_____ 일
금요일	토요일	일요일

이번 주에 나는

남은 용돈 _____ 원과
정기 용돈 _____ 원을 받고
노력 용돈 _____ 원을 벌었어요.

필요해서 쓴 돈은 _____ 원이고,
원해서 쓴 돈은 _____ 원이에요.

필요해서 쓴 돈보다 원해서 쓴 돈이
많아요.   적어요.   같아요.

남은 돈은 _____ 원입니다.

이번 주에는 씨앗 돈을
_____ 원 모았습니다.

이번 주에 사용한 용돈을 평가해볼까요?

나
아주 잘했어!   보통!   좀 더 노력하자!

한 줄 반성과 다짐

부모님
아주 잘했어!   보통!   좀 더 노력하자!

한 줄 조언

_____의 용돈 다이어리

____월

		____일 월요일	____일 화요일	____일 수요일	____일 목요일
받은 돈	남은 용돈				
	정기 용돈				
	노력 용돈				
쓴 돈	필요해서 쓴 돈				
	원해서 쓴 돈				
남은 돈 받은 돈 + 쓴 돈					
저축한 돈					
특별 용돈					
꿈을 위한 씨앗돈					

이번 주 용돈을 받고 쓰면서 가장 기억에 남는 일은 뭐가 있었나요?

이번 주에 읽은 경제 책의 제목과 내용을 적어볼까요?

_____일	_____일	_____일
금요일	토요일	일요일

이번 주에 나는

남은 용돈 _____ 원과
정기 용돈 _____ 원을 받고
노력 용돈 _____ 원을 벌었어요.

필요해서 쓴 돈은 _____ 원이고,
원해서 쓴 돈은 _____ 원이에요.

필요해서 쓴 돈보다 원해서 쓴 돈이
많아요.   적어요.   같아요.

남은 돈은 _____ 원입니다.

이번 주에는 씨앗 돈을
_____ 원 모았습니다.

이번 주에 사용한 용돈을 평가해볼까요?

나
아주 잘했어!   보통!   좀 더 노력하자!
한 줄 반성과 다짐

부모님
아주 잘했어!   보통!   좀 더 노력하자!
한 줄 조언

_____의 용돈 다이어리

____월

		____일 월요일	____일 화요일	____일 수요일	____일 목요일
받은 돈	남은 용돈				
	정기 용돈				
	노력 용돈				
쓴 돈	필요해서 쓴 돈				
	원해서 쓴 돈				
남은 돈 받은 돈 + 쓴 돈					
저축한 돈					
특별 용돈					
꿈을 위한 씨앗돈					

이번 주 용돈을 받고 쓰면서 가장 기억에 남는 일은 뭐가 있었나요?

이번 주에 읽은 경제 책의 제목과 내용을 적어볼까요?

_____ 일	_____ 일	_____ 일
금요일	토요일	일요일

이번 주에 나는

남은 용돈 _____ 원과
정기 용돈 _____ 원을 받고
노력 용돈 _____ 원을 벌었어요.

필요해서 쓴 돈은 _____ 원이고,
원해서 쓴 돈은 _____ 원이에요.

필요해서 쓴 돈보다 원해서 쓴 돈이
많아요.   적어요.   같아요.

남은 돈은 _____ 원입니다.

이번 주에는 씨앗 돈을
_____ 원 모았습니다.

이번 주에 사용한 용돈을 평가해볼까요?

🧒 나

아주 잘했어!   보통!   좀 더 노력하자!

한 줄 반성과 다짐

👩 부모님

아주 잘했어!   보통!   좀 더 노력하자!

한 줄 조언

_____의 용돈 다이어리

◯_____월

		_____일 월요일	_____일 화요일	_____일 수요일	_____일 목요일
받은 돈	남은 용돈				
	정기 용돈				
	노력 용돈				
쓴 돈	필요해서 쓴 돈				
	원해서 쓴 돈				
남은 돈 받은 돈 + 쓴 돈					
저축한 돈					
특별 용돈					
꿈을 위한 씨앗돈					

이번 주 용돈을 받고 쓰면서 가장 기억에 남는 일은 뭐가 있었나요?

이번 주에 읽은 경제 책의 제목과 내용을 적어볼까요?

| _____ 일 | _____ 일 | _____ 일 |
금요일	토요일	일요일

이번 주에 나는

남은 용돈 _____ 원과
정기 용돈 _____ 원을 받고
노력 용돈 _____ 원을 벌었어요.

필요해서 쓴 돈은 _____ 원이고,
원해서 쓴 돈은 _____ 원이에요.

필요해서 쓴 돈보다 원해서 쓴 돈이
많아요.   적어요.   같아요.

남은 돈은 _____ 원입니다.

이번 주에는 씨앗 돈을
_____ 원 모았습니다.

이번 주에 사용한 용돈을 평가해볼까요?

나
아주 잘했어!   보통!   좀 더 노력하자!
한 줄 반성과 다짐

부모님
아주 잘했어!   보통!   좀 더 노력하자!
한 줄 조언

열두 살 부자가 되는 시크릿
초5 용돈 다이어리

초판 1쇄 인쇄 2022년 9월 9일
초판 1쇄 발행 2022년 9월 18일

지은이 김선
펴낸곳 베리북
펴낸이 송사랑
기획 장호건
편집 연보라 김은호
디자인 이창욱

등록일 2014년 4월 3일
등록번호 제406-2014-000002호
주소 경기도 고양시 일산서구 킨텍스로 410
팩스 0303-3130-6218
이메일 verybook2@gmail.com
ISBN 979-11-88102-13-6 73370

책값은 뒤표지에 있습니다.
잘못된 책은 구입하신 서점에서 바꿔 드립니다.